백년의
동물
미미

백년의 동물
미미

최문형 글
정수연 그림

종이와
나무

차례

1부 | 아몬드 숲의 비밀

- 요정의 방문 7
- 아몬드 숲을 향해 11
- 사슴의 의문사 15
- 숲의 수호자 19
- 엄마 사슴의 눈물 23
- 떡갈나무의 통곡 28
- 나무의 비밀 32
- 팡그룬 족장 36
- 아몬드 숲 법정 41
- 울타리가 문제야 45
- 판결 50

3부 | 평화를 되찾은 파샤

- 빅, 파샤에 오다 111
- 딱따구리 마이갓 116
- 땅으로 돌아간 은잔 121
- 인간의 만행 125
- 클로버의 방문 129
- 새싹 타이탄 133
- 꽃을 피우다 137
- 프레의 공격 141
- 산불 147
- 회복 151
- 블루가 전한 소식 155

2부 | 블루래빗의 슬픔

- 아몬드 나무 57
- 태곳적 이야기 61
- 보랏빛 꽃 67
- 블루래빗 이야기 72
- 붉은 거인 77
- 인간나무, 인목 81
- 음표들의 노래 85
- 알프와 함께 89
- 우탄과 졸개들 93
- 숲의 수문장 98
- 은잔의 비밀 102

4부 | 새턴부족 이야기

- 이레니아 2세 161
- 계약위반 165
- 뿔 속의 왕국 169
- 천하무적 새턴 174
- 진딧물 나타나다 178
- 아카시아의 위기 182
- 바다로 188
- 떠다니는 섬 193
- 털 복숭이 갈색 공 196
- 아몬드 선물 201

특별 부록 : 미미의 친구들, 남겨진 이야기 207

아몬드 숲의 비밀

요정의 방문

노란색 불빛이 미미에게 반사되었다.

어느 날 밤, 미미는 달빛보다 밝은 빛에 눈을 떴다. 상큼한 향이 코끝에 전해 왔다. "미미, 나야! 그동안 잘 지냈어?" 아몬드 요정의 목소리였다. 미미는 알프 요정을 보고 꿈인가 생시인가 했다. 미미는 몸을 벌떡 일으켰다. "앗! 요정님, 요정님 맞아요?" "그럼, 미미 그동안 네가 보고 싶어서 혼났어. 가족과 좋은 시간 보내라고 참고 있었지!" 알프의 반가움이 가슴의 불빛으로 배어 나왔다. 노란색 불빛이 미미에게까지 반사되었다. 미미는 알프 요정을 와락 껴안았다.

"아몬드 숲은 어때요? 수수와 소소, 도도 아줌마와 가족들은 다 잘 지내나요?" "그럼, 미미! 나도 그들에게 관심이 많아. 다들 건강하고 잘 지내." "그런데 요정님! 지금 보니 얼굴이 좀 안 좋아졌어요. 무슨 힘든 일이 있어요?" "안 그래도 백년의 동물과 의논할 일이 있어서 왔어."

알프 요정의 불빛이 푸른색으로 변했다. 푸른색은 무언가 차분하게 할 말이 있다는 표시다. "무슨 일인데요? 어서 말해 보세요." "요즘 아몬드 숲에 사슴들이 죽어가고 있어. 여리고 초롱초롱한 눈을 가진 사슴 말이야. 우리 요정은 식물을 지키는 임무를 맡고 있는 거 알지, 미미?"

미미는 고개를 끄덕였다. "그런데 식물을 지키는 일은 동물을 돌보는 일과도 연결되어 있어. 네가 혼내준 청설모처럼 동물은 식물을 마구 해치기도 한단다. 하지만 그들 모두는 우리 식물에게 소중한 존재이지. 그들은 식물을 결혼시켜 주기도 하고 아기 식물을 독립시켜 주기도 해. 식물 또한 보답을 하지. 꿀도 주고 필요한 약도 주고 양식도 주고. 그건 우리 백년의 동물도 잘 아시는 일이죠?" "그럼요, 요정님. 아무튼 저는 그저 꽃이 좋아요. 꽃만 보고 살 수 있다면 더 바랄 게 없어요." "호호, 그러니까 백년의 동물이시죠! 아주 타고나셨어요!" 알프 요정의 빛이 선홍색으로 변했다. 요정이 기쁨으로 흥분하고 있다는 표시이다.

"사슴은 저보다 어마어마하게 크지만 그들은 꽃처럼 아름다워요. 그런데 요정님, 그들에게 무슨 일이 생긴 거예요?" "응, 얼마 전부터 사슴들이 비실비실 앓더니 지금은 하나둘씩 죽어가고 있어. 사슴은 식물의 잎을 먹기 때문에 식물에게 해를 입힌다고 생각하기 쉽지만, 사실은 많은 식물의 아기들을 먼 곳으로 보내서 그곳에 자리 잡고 살게 해주는 소중한 동물이야.

사슴이 좋아하는 열매를 먹으면 그게 뱃속에서 소화가 되잖

아. 하지만 그 속의 씨앗은 죽지 않는단다. 사슴이 똥을 눌 때 씨앗이 세상 밖으로 나오지. 사슴의 뱃속을 거친 씨앗은 싹을 트기에 아주 좋은 조건이 되고. 그렇게 사슴은 기특한 아이들인데, 요즘 무슨 병이 걸렸는지 저렇게 하나둘 죽어가고 있으니, 안타까울 뿐이야."

"아, 그렇군요. 저도 정말 속상하네요." "그런데 미미, 우리는 식물의 요정이라 동물과는 직접 얘기를 나눌 수 없어. 그래서 사슴의 먹이가 되는 나무들에게 무슨 일이냐고 물어봤는데 그들은 특별한 일이 없다고 대답을 하네. 자기들은 평소처럼 사슴이 먹을 수 있게 충분한 잎을 만들었을 뿐이라고. 그러니까 사슴이 굶어 죽는 건 아니라고 분명하게 말했어." "그럼, 무슨 문제일까요?" 미미가 이맛살을 찌푸리고 물었다.

아몬드 숲을 향해

빅은 강한 개미지만 웃는 모습은 순박했다.

"나는 숲의 요정들과 여러 번 모여서 머리를 맞대고 고민을 했어. 하지만 도무지 이 문제를 해결할 수가 없었어. 그래서 너에게 도움을 청하러 온 거야. 미미! 식물은 우리 요정을 좋아하기도 하지만 두려워하기도 하지. 우리는 그들에게 신적인 존재이고 자연의 질서를 위해 가끔은 식물에게 벌을 주기도 하거든." 알프 요정이 심각하게 말했다. "식물도 벌을 받아요? 그건 좀 가혹한 거 같은데요?" "미미, 그런 일이 흔한 건 아니야. 아무튼 이런저런 이유로 식물이 우릴 좀 무서워하긴 하지." "그럼, 제가 아몬드 숲으로 가야겠군요." 미미는 정들었던 아몬드 숲으로 가기로 마음먹었다. 숲에 문제가 생겼는데 모르는 척 할 수는 없었다. "고마워, 미미! 백년의 동물이 도와주면 잘 해결이 될 것 같아."

다음 날 아침, 마침 빅이 찾아왔다. 이야기를 들은 빅은 자기도 아몬드 숲에 가고 싶다고 했다. 이레니아 왕국의 원로로 자리 잡은 빅은 이제 더 이상 일개미가 아니었다. 이레니아 2세 여왕과 왕국의 많은 일을 의논하는 중요한 인물이었다. "빅! 마음은 고맙지만 그래도 너는 왕국을 지키는 일에 전념해야 하지 않을까?" "식물이 건강하고 동물들도 잘 지내는 게 우리 왕국에도 좋은 일이지. 여왕님은 내가 밖에서 활동해도 좋다고 이미 허락하셨거든!" 빅이 씩 웃으며 대답했다. 빅은 강하고 현명하고 이지적인 개미지만 웃는 모습은 참으로 순박했다.

'바로 저 미소가 빅의 매력이지.' 미미는 처음 빅과 이야기를 나누었던 때를 떠올렸다. '이 모든 일은 빅을 만나면서 생긴 일이 아닌가!' "그리고 나는 아몬드 숲이 너무 궁금해, 미미! 너랑 친하다는 수수 형제랑 동고비 아줌마 가족도 보고 싶고." "그래, 너만 괜찮다면 나는 좋아! 너처럼 현명하고 '크은' 개미랑 같이 가면 든든하지 뭐." "큰 개미? 와하하하!" 빅이 커다랗게 웃었다. "세상에 나보다 더 큰 개미는 없을 거야. 알아줘서 고마워, 미미." 미소도 함께 가고 싶다고 졸라서 데리고 가기로 했다. 인간의 마을에 잡혀 들어갔던 미소는 이제는 철없는 장난꾸러기가 아니었다. 빅과 미미, 미소는 파랑새 블루의 도움으로 다시 아몬드 숲으로 향했다.

 아몬드 숲은 초록으로 빛나고 있었다. 초록의 잎들이 뿜어내는 생기가 가득했고, 그 안에서 모든 동물이 편안하고 행복해 보였다. 숲의 한가운데 널찍한 터에 알프 요정과 수수 형제가 보였다. 블루가 지상에 가까워지자 숲의 식물들이 미미를 향해 손짓

하며 반기는 게 보였다. "미미, 반가워요! 미미, 어서 와요!" 풀들이, 작은 나무와 큰 나무들이 미미를 향해 외치는 인사가 미미의 귀를 간지럽혔다. 그들의 환대는 황홀했지만 미미의 마음은 무거웠다. '아, 이제 어쩌나? 내가 이 숲의 평화를 찾아줄 수 있을까? 과연 내가 해낼 수 있을까?' 미미는 가슴이 묵직해지는 걸 느꼈다. 미미는 수수 형제와 반가움의 포옹을 나누고 서둘러 알프 요정과 함께 사슴이 사는 곳으로 향했다.

사슴의 의문사

못 먹은 게 사흘째인데 왜 배가 부른지 모르겠어요.

"여기야, 다 왔어." 알프 요정을 따라 도착한 숲의 동쪽 나지막한 곳에 맑은 눈을 지닌 사슴의 무리가 있었다. 뿔이 멋진 아빠와 윤이 나는 털을 지닌 엄마들, 그리고 사랑스러운 아기 사슴들이 뛰놀고 있었다. 옛날 같으면 이들의 발에 밟힐까 봐 그저 무서워했을 미미지만 지금의 미미는 달랐다. 미미는 당당하고 위엄 있는 백년의 동물이었다. 숲에 사는 동물들은 백년의 동물을 저절로 알아보았다. 화려한 뿔을 가진 아빠 사슴이 미미에게 다가왔다. "제가 백년의 동물을 뵙습니다. 영광입니다. 저희 가족에게 문제가 있어서 걱정인데, 와주셔서 정말 감사드립니다."

아빠 사슴은 뿔만큼이나 멋진 음성으로 머리를 조아리며 인사했다.

"저는 단지 작은 소녀 햄스터일 뿐입니다. 편하게 대해 주세요. 사슴 아저씨!" 미미는 부끄럽기도 하고 쑥스럽기도 하여 어쩔 줄을 몰랐다. "하지만 당신은 백년의 동물이시지요. 제가 예의를 갖추는 것이 맞습니다. 우리 가족 중 여럿이 이미 죽었고 또 죽어가고 있습니다. 왜 이런 슬픈 일이 일어나는지, 저는 알 수가 없답니다. 도와주세요!"

미미는 아빠 사슴을 따라 작은 골짜기로 향했다. 그곳에는 병이 깊어져서 누워 있는 사슴 몇 마리가 모여 있었다. 그들의 얼굴은 창백했고 털에는 윤기가 없었다. 몸은 말랐는데 유독 배만 불룩했다. 정말 가여운 사슴들이었다. 알프 요정이 호소의 눈빛으로 미미를 바라보았다. 미미가 빅에게 물어보았지만 빅도 이유를 알 리 없었다.

궁금해진 미소가 누워 있는 사슴에게 물었다. "지금 제일 아픈 데가 어디예요?" 기운이 없이 축 처진 사슴이 대답했다. "다른 덴 모르겠는데 배가 너무 불러서 힘들어요. 아무것도 못 먹은 게 벌써 사흘째인데 왜 배가 부른지 모르겠어요." 그때 아빠 사슴이 말했다. "맞아요! 어제 죽은 사슴도 배가 빵빵해서 무엇을 먹을 수가 없다고 했어요." "그렇다면, 먹는 게 문제라는 것인데…." 미미는 혼잣말을 했다. 미미는 아빠 사슴에게 물었다. "주로 먹는 게 뭐예요?" "바로 저기에 있는 나무예요. 껍질이나 나뭇가지, 잎을 먹어요. 요즘엔 잎이 부드러워서 주로 잎을 먹지요." 돌아보니 아주 평범한 떡갈나무였다. 미미는 어찌된 영문인지 알 수 없었다.

미미는 나무에게 다가갔다. "안녕! 나 미미야." "만나게 되어 반가워. 네가 이 숲에 있을 때 가끔 너를 보았지만 지금의 너는 더 성숙해졌구나. 밝아지기도 했고." 나무가 가지를 흔들면서 말했다. "그동안 아빠랑 미소랑 즐겁게 지내서 그럴 거야. 다시 아몬드 숲으로 돌아와서 기뻐. 그런데 말이야, 너도 알겠지만 불쌍한 사슴들이 죽어가고 있어. 물어보니까 배가 부르고 소화가 통 안 된다고 그러는데, 혹시 너도 어디가 아픈 거 아닌가 걱정이 돼."

떡갈나무가 움찔했다. 아주 잠깐이었다. "사슴들이 죽어가는 건 나도 알고 있어. 그래서 너무 마음이 아파. 그들은 봄부터 여름까지 우리의 잎으로 배를 불리고 가을과 겨울에는 씨앗들을 먼 곳으로 보내준단다. 우리는 사슴들이 충분히 먹고도 남을 만큼 많은 잎을 만들어 둔단다. 사슴과 우리는 그렇게 서로 돕고 살지. 사슴이 우리를 먹어 치우고 괴롭힌다고 생각하겠지만 절대로 그게 아니야."

숲의 수호자

무서운 소리와 함께 나뭇가지가 숲을 뒤덮었다

"맞아, 식물은 나같이 작은 동물도 아껴주면서 살지. 그런데 나무야, 내가 궁금한 건 사슴이 너의 잎을 먹고 아프다고 해서 혹시 너도 어디가 아픈 게 아닌가 하는 거야." 나무는 가지를 파르르 떨었다. 아주 짧은 순간이었지만 미미는 나무의 떨림을 느낄 수 있었다. "미미, 걱정해 주어 고마운데, 나는 아픈 데 없어. 여기 봐, 잎 색깔도 파랗고 좋아 보이지 않아?" "아, 정말 그러네. 건강하다니 정말 다행이야. 아프지 말아야 해. 그럼 또 만나!" 미미는 안타까워하는 알프 요정에게 이제 돌아가자고 했다. 미미와 빅, 미소와 수수 형제는 떡갈나무와 사슴 가족과 작별하고 골짜기를 빠져 나왔다.

"미미! 오늘은 여기까지만 하고 돌아가서 좀 쉬어. 시간이 지나면 차차 문제가 밝혀지겠지." "요정님, 우리가 함께 문제를 찾아볼 게요. 빨리 알아내야 사슴을 한 마리라도 더 구해줄 수 있을 텐데, 걱정이에요." 미미는 요정과 헤어져 동고비 아줌마 도도에게로 향했다. 나뭇가지에 앉아 졸던 아줌마는 멀리서 오는 미미 일행을 알아보고 화들짝 했다. 아줌마는 꿈인가 하고 몇 번씩 날개를 퍼덕이며 가지에서 날아올랐다 앉았다를 반복했다. "아줌마, 점심체조 하시는 거예요?" 어느새 다가온 미미가 아줌마를 놀렸다. "어! 미미? 정말 미미 맞네!" 도도 아줌마는 날쌔게 나무 아래로 내려와 미미를 끌어안았다.

아줌마의 가슴 털 때문에 미미는 몇 번 재채기를 했다. "저 왔어요, 아줌마! 동생 미소랑 제가 늘 얘기했던 용감한 친구 빅도 함께요." "아! 네가 바로 동생 미소로구나. 개구쟁이 아이일 거라고 생각했는데 제법 의젓한 걸! 그리고 빅? 빅은 딱 봐도 개미왕국의 영웅이야!" 그들은 서로 인사를 나누고 아줌마네 거실로 갔다. "그런데 미미, 무슨 일이 있는 거지? 갑자기 여기 무슨 일이야? 나야 이렇게 너를 만나서 좋다마는….""도도 아줌마, 알프 요정이 제게 도와달라고 했어요. 숲의 사슴들이 이유 없이 죽어 간다고요. 지금 사슴언덕에 가서 사슴과 나무를 만나보고 오는 길이에요. 천사 같은 눈동자를 가진 사슴들이 하나씩 죽어가고 있는 걸 보니…." 미미는 말을 잇지 못했다.

미미의 말을 이어 빅이 이야기했다. "아픈 사슴들을 보니 먹이에 문제가 있는 거 같은데 먹이를 만드는 나무에게 물어보니 나무는 아픈 데가 없다고 하네요." "사슴골짜기의 일은 나도 들었어. 매일 엄마와 아기들이 한 마리씩은 죽어나가니, 하! 도대체 어찌된 건지 나도 마음이 아프단다. 먼 길 오느라 힘들었을 텐데 오늘은 좀 쉬고 내일 같이 의논해 보자꾸나."

"그런데 미미! 혹시 사슴 똥을 봤어?" 갑자기 생각난 듯 수수가 물었다. "똥은 왜?" "우리도 무언가를 잘못 먹고 배가 많이 아플 때가 있는데 그때마다 아버지는 똥을 조사하시더라고. 사슴들이 나뭇잎 말고 다른 걸 먹은 게 있을지도 몰라." "그럴 수도 있겠네. 똥에 들어 있는 성분을 분석하는 건 우리 개미들이 아주 잘 해. 미미, 그 일은 나에게 맡겨." 빅이 자신 있게 말했다.

수수 형제는 집으로 돌아가고 미미와 미소, 빅은 도도 아줌마가 마련해 준 나무 둥치 안 아늑한 방에서 잠을 청했다. 꿈에서 미미는 낮에 본 떡갈나무를 보았다. 나뭇가지가 무서운 속도로 빠르게 자라더니 하늘로 치솟았다. 구불구불하고 거대한 가지였다. 하늘을 점령한 나무는 갑자기 가지를 땅으로 내렸다. 우당탕탕! 무서운 소리와 함께 가지가 산과 숲을 뒤덮었다. 동물들이 모두 기절했다. 숲은 어둡고 무거운 정적에 싸였다.

엄마 사슴의 눈물

미미. 내가 죽으면 이 어린 것은 어찌해야 하는지….

"몸은 좀 어때요?" 미미가 누워있는 엄마 사슴에게 말했다. "배에 가스가 가득차서 아주 답답해요. 몸을 움직이기도 힘들고." 엄마 사슴 곁에는 가녀린 아기 사슴이 지키고 있었다. 힘없이 누워있는 엄마의 품에 얼굴을 묻고 있었다. 미미와 미소가 보니 옆에 똥이 구르고 있었다. 미소가 똥을 조금 집어 나뭇잎으로 감쌌다.

"물이라도 마시면서 조금만 버티고 있어요. 우리가 할 수 있는 일은 다 해 볼 게요." "고마워요, 미미. 내가 죽으면 이 어린 것은 어찌해야 하는지…."

맑고 고운 엄마 사슴의 눈에서 눈물이 방울방울 떨어졌다. 빅은 미소가 소중하게 가져온 똥을 살펴보기 시작했다. 조심스레 주둥이로 핥아보기도 하고 더듬이로 두드려보기도 했다.
"어때? 빅! 무언가 알아냈어?" "잠시만." 빅은 사슴의 똥을 먹어보기도 하고 냄새를 맡기도 했다. "이 똥 속에 특별히 다른 음식은 없는 거 같아. 사슴들이 즐겨먹는 그 나뭇잎이 전부 다야. 그런데…" "그런데 뭐가 문제야, 빅?" 미미가 궁금해서 물었다. 빅이 무언가를 찾아낸 것 같았다.

"미미, 내가 이 똥을 조금 맛보았는데 정신이 아찔하고 머리가 핑 도는 게 이상해." 빅은 이렇게 말하다가 옆으로 쓰러졌다. "빅! 정신 차려. 빅! 죽으면 안 돼!" 미소가 놀라 빅을 흔들었다. "우리가 어떻게 다시 만났는데! 빅, 죽지 마!"

잠시 정신을 잃었던 빅이 살며시 눈을 떴다. "미소, 걱정 마. 나 안 죽어. 잠깐 머리가 어찔했던 거뿐이야." "휴우…." 미미는 숨을 내쉬었다. "빅, 정말 괜찮아? 이걸 어쩌면 좋아." "미미, 내 생각엔 이 똥 안에 독 성분이 들어있는 거 같아. 이 독이 사슴을 죽이는 게 분명해. 사슴이 나뭇잎 말고 다른 무엇을 먹었을까?" "아니, 사슴은 늘 먹던 나무를 먹었어. 그리고 나무는 내게 자기가 병들지 않았다고 분명히 말했어."

"그렇담 나무가 사슴을 살해하려고 한 걸까? 설마, 그럴 리가 없어." 미소가 고개를 가로 저었다. "미미, 만약에 나무가 사슴을 해치려고 했다면 이건 알프 요정님한테 알려야 하는 거 아니야?" "빅, 아직 확실한 이야기가 아니야. 우리가 좀 더 조사해야 해. 섣불리 요정님께 말했다가는 나무가 큰 벌을 받을지도 몰라." 미미가 침착하게 대답했다.

"아무래도 나무에 독이 오른 게 분명한 거 같아, 미미. 다시 나무한테 물어봐야겠어." 빅이 제안했다. "나무도 자신에게 무슨 일이 일어났는지 모를 수도 있지." 미미는 자신에게 대답하던 수줍고 소심한 나무가 생각났다. '그렇게 귀엽고 작은 나무가…, 그럴 리 없어. 그들이 사슴을 해친 게 아닐 거야.' 미미와 미소, 빅은 다시 떡갈나무를 찾아갔다.

"안녕! 너한테 물어보고 싶은 게 있는데?" 작은 떡갈나무는 긴장한 듯 가지를 한 번 구부렸다. "응, 미미. 무슨 일인데?" "빅이 아픈 사슴의 똥을 조사했는데, 안에 독이 많이 있었어. 사슴은 너의 잎 말고 다른 걸 먹지는 않았고. 아무래도 네가 어디 아픈 거 같아."

그 말을 듣자마자 떡갈나무의 잎이 갑자기 흔들렸다. 가지마다 붙어있는 잎들이 한꺼번에 흔들리니 숲속에 소나기가 내리는 듯 아주 시끄러웠다. 미미와 미소는 귀를 틀어막았다. 빅은 미미의 털 속으로 숨어 버렸다. 얼마나 시간이 지났을까? 나무가 다시 정신을 차리는 데는 한참 시간이 걸렸다. 떡갈나무가 진정했을 때는 바닥에 이파리들이 우수수 떨어져 있었다.

떡갈나무의 통곡

사슴들이 아프니까 나도 어쩔 줄 모르겠어.

미미는 간밤의 꿈이 생각났다. 나무가 온 하늘과 땅을 덮어버린 꿈은 무서웠다. 아직 어린 떡갈나무이지만 그렇게 한동안 몸을 떨고 있으니 느낌이 오싹했다. "떡갈나무야, 무슨 일이야, 이제 좀 괜찮아?" 미미가 조심스레 물었다. 미소도 정신을 차렸고 용감한 빅도 미소의 털 속에서 떨어져 나왔다. 무서워서 꼭꼭 숨었던 주변의 작은 동물들이 무슨 일인가 하고 은신처에서 고개를 내밀었다.

"아! 응." 떡갈나무는 아직 말을 잇지 못하고 있었다. "미미, 나 너무 무서워…." 어린 떡갈나무가 갑자기 울음을 터뜨렸다.

그 바람에 다시금 가지가 떨리고 아까처럼 숲이 시끄러워졌다. 가장 겁 많은 동물인 토끼는 아예 먼 곳으로 도망쳐 버렸다. "나무야, 진정해. 네가 우니까 나도 슬퍼. 난 너의 편이야. 무서운 게 뭔지 말해주면 안 될까?" 미미가 다정하게 말을 걸었다. 그래도 나무는 쉽게 울음을 멈추지 않았다.

다시 시작된 나무의 서러운 울음소리에 숲이 소용돌이쳤다. "실컷 울면 좀 마음이 풀리겠지. 하지만 너무 많이 울어서 요정들이 알게 되면 무슨 일인가 하고 금방 여기로 달려올지도 몰라." 미미가 어린 나무를 달랬다. 그 말을 듣고 떡갈나무가 갑자기 울음을 뚝 그쳤다. "안 돼, 미미! 난 요정님이 정말 무서워." 미미는 나무의 말을 이해하기 힘들었다.

원래 요정은 신비로운 능력을 가지고 있다. 식물과 동물뿐 아니라 제일 힘이 세기로 알려진 인간에게도 어느 정도 그 힘을 발휘할 수 있다. 하지만 우아하고 아름다운 요정이 왜 그렇게 무서운 존재일까? "떡갈나무야, 나는 식물을 위해 존재하는 백년의 동물이야. 네가 힘들고 어려운 건 무엇이든 나한테 말해 줘."

떡갈나무의 사정은 이랬다. 이 어린 나무는 원래 여기서 태어나지 않았다. 엄마와 가족은 멀리 떨어진 다른 숲에 살고 있다. 나무가 씨앗이었을 때 다람쥐에게 먹혔다. 다람쥐 뱃속으로 들어갔다가 똥에 섞여 나온 곳이 바로 아몬드 숲이었다. 나무는 가족과 헤어져 살게 되었다.

"우리 식물들은 엄마나무와 떨어져 자라는 게 좋다고들 하지. 엄마나무 근처에서 자라면 햇빛도 받기 힘들어서 자라기는커녕 살아남기도 힘들거든. 나는 엄마를 떠나 양지 바른 곳에 떨어져서 봄이 되어 싹을 잘 피웠어. 해를 마냥 볼 수 있어서 쑥쑥 키를 키울 수도 있었지. 그래도 엄마와 가족이 보고 싶은 마음은 어쩔 수 없었어. 태어난 고향도 너무 그립고. 그렇게 외롭게 살고 있는 내게 친구가 생겼어, 미미. 그게 누군지 알아?"

"친구? 친구라…. 그게 누군데?" 나무가 잎을 살랑이며 말했다. "바로 사슴 가족이야. 그들은 내가 새순을 내자 나를 찾아왔어. 내가 막 올린 순을 정말 좋아하더라고. 처음에는 너무 화가 났어. 나의 소중한 순을 먹어치우다니! 쫓아낼까 생각도 했는데, 이상하게 사슴이 내 순을 먹으면 나는 다시 더 건강한 순을 만들게 되고 튼튼해지는 거야. 그렇게 지내다 보니 그들과 정이 들

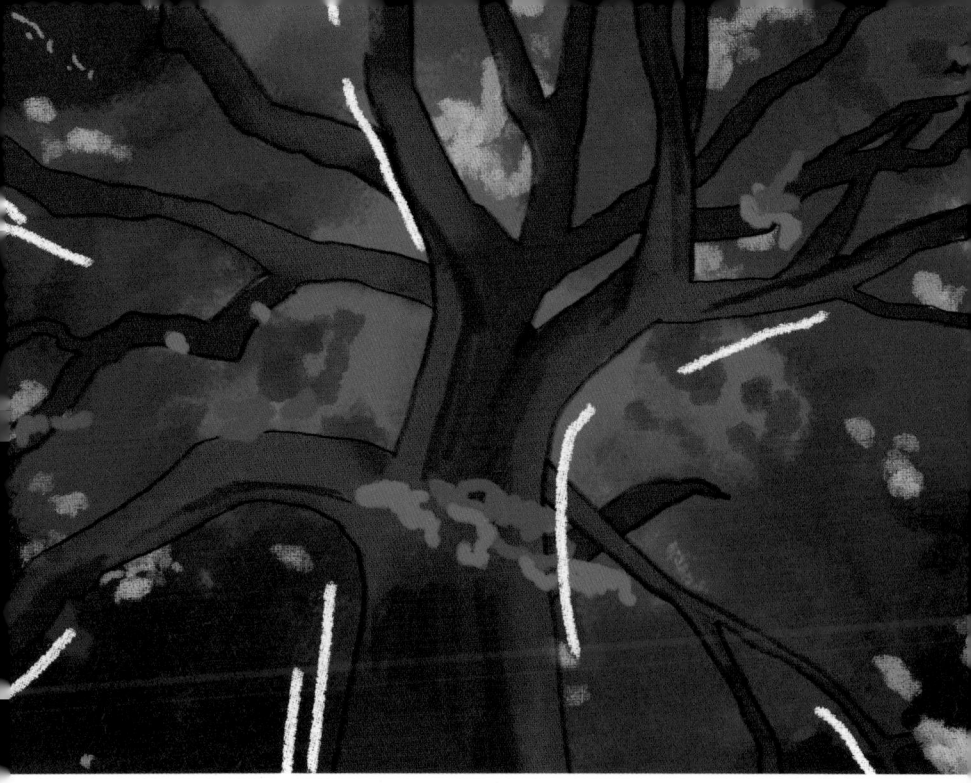

었어." 나무가 울음을 멈추고 미미와 이야기를 나누는 사이 빅과 미소는 근처에서 땅따먹기 놀이를 하고 있었다. 분위기가 평화로워지니 마음이 놓인 것이다. "그렇게 사슴과 친구가 되었구나. 다른 이들은 이해하지 못 할 거야, 그렇지?" "맞아, 미미. 그런데 요즘 나의 친구 사슴이 아프고 병들고 죽고 하니까 나도 어쩔 줄을 모르겠어. 너무 우울해."

나무의 비밀

요즘 내 몸이 좀 이상하긴 해.

"내가 새들한테 들은 얘기는, 요정이 무조건 식물의 편만은 아니라는 거야. 그들은 동물이 식물을 괴롭히는 것을 막아주지만 식물이 동물을 괴롭혀도 참지 못한다고 해. 사슴이 아프니 내 잘못이 아닐까 걱정도 되고. 그래서 난 요정이 무서워." "떡갈아, 요정이 나를 백년의 동물로 임명했지만 나는 요정을 위해 있는 게 아니잖아. 그렇지? 너는 내게 무엇이든 솔직하게 알려 주어야 해. 나는 너의 편이니까." 떡갈나무는 좀 진정이 되었는지 처음에 만났을 때처럼 잎을 살랑대며 말했다.

"사실은… 미미… 있잖아…. 요즘 내 몸이 좀 이상하긴 해. 우리는 아침 해가 뜰 때 컨디션이 최고거든? 그때는 가지에 힘이 오르고 잎들이 해를 향해 반짝 몸을 곤두세워. 아침 햇빛은 우리한텐 최고의 보약이거든. 그런데 요즘에는 해를 바라볼 기운이 없어. 겨우 몸을 곤추세우긴 하지만 예전 같지 않아." "그럼 역시…, 건강하진 않은 거네." 미미가 조심스레 말했다.

"맞아, 그리고 오후가 되면 진땀이 난단다. 나를 봐, 미미. 가지에 잎이 많이 보여?" 떡갈나무의 말에 미미가 찬찬히 살펴보니 가지에 잎들이 드문드문 했다. 떡갈나무가 열심히 피워 올린 어린잎들도 많지 않았다. "떡갈아, 잎이 왜 요거밖에 없지? 지금쯤이면 잎이 무성해야 하는 것 아니야?" 미미가 물었다.

"빅, 미소! 이리 와봐. 떡갈나무 잎이 좀 이상하지 않아?" 미미의 외침에 옆에서 놀고 있던 둘이 다가왔다. "떡갈아, 잎 하나만 줘 봐." 미미가 나무에게 허락을 받고 잎을 하나 뜯었다. 이파리를 씹어 본 빅은 얼굴을 찡그렸다. "미미, 이 맛은… 뭔가가 이상해. 잎에 독이 있는 거 같아." "독이라구?" 미미가 놀라 소리쳤다. "떡갈아, 빅은 식물의 잎에 아주 민감해, 웬만한 성분은 알아낼 수 있어. 그런데 너의 잎에 독이 있다고 하네."

떡갈나무는 심한 충격을 받았다. 둥치가 하얗게 질려 버렸고 아무 말도 하지 못했다.

"미미, 우리 식물들은 정교한 화학실험실을 가지고 있단다. 식물의 실험실에서는 마음이 작동하지 않아. 어쩐지 이상했어, 아침에 기운이 없는 것도, 오후에 지치는 것도. 뭔가 마음에 걸리는 게 있었어.

미미, 우리의 몸은 우리 마음대로 하지 못해. 식물의 화학반응은 과학이야. 일부러 어떻게 할 수가 없어." 잎에서 방울방울 눈물이 흘렀다. "그래서! 너는 독을 만들어 사슴을 죽이기로 한거니?" 갑자기 등 뒤에서 엄중한 목소리가 들렸다. 미미가 놀라 돌아보니 어느 사이에 알프 요정이 와 있었다.

요정은 매우 화가 나 있었다. 가슴의 검붉은 광선이 그것을 보여주었다. "요정님, 저는 제 마음대로 독을 만들 수 없는 몸입니다. 게다가 저는 사슴을 정말 좋아해요. 낯선 이 숲에서 그들은 저의 소중한 친구입니다. 제가 왜 사슴을 죽이려 했겠습니까?" "너의 변명은 듣고 싶지 않아! 중요한 건 너의 배신으로 착한 사슴들이 하나둘 씩 죽어가고 있다는 사실이야! 우리 요정들은 너에게 책임을 물을 수밖에 없어."

팡그룬 족장

모든 것은 요정의 법정에서 가려질 겁니다.

"알프 요정님, 떡갈은 그럴 친구가 아니에요. 마음이 고운 나무예요. 떡갈나무를 이해해 주세요." 미미도 불쌍한 떡갈나무를 거들어 주었다. "글쎄요, 미미. 모든 것은 요정의 법정에서 가려질 겁니다." 알프 요정이 단호하게 말했다.

다음 날, 떡갈나무를 고발하는 아몬드 숲 법정을 열기위한 요정회의가 열렸다. 이번 일은 결코 가벼운 사건이 아니었다. 벌써 사슴이 다섯 마리나 죽었고 앓고 있는 사슴이 일곱 마리였다. 식물은 못된 생명체가 아니다. 인간과 동물에게 먹을 것, 입을 것, 쉴 곳과 살 곳을 주고 그것도 모자라 기쁨과 즐거움까지 주는 존재, 어느 숲을 가리지 않고 어느 동네를 가리지 않고 없어서는 안 될 소중한 존재이다.

그런 식물이, 나무가, 법정에 선다는 것은 드문 일이었다. 요정회의에서 아몬드 요정 알프의 지위는 확고했다. 사슴의 죽음을 목격한 것도 알프였기에 알프가 떡갈나무를 고발하는 검사 역을 맡았다. 떡갈나무 또한 자신의 요정이 있었다. 떡갈나무 요정 리리는 당연히 떡갈나무를 변호하는 역할을 했다. 리리는 마음이 편치 않았다. 자신의 나무를 지켜야 했지만 왜 어린 떡갈나무가 그렇게 많은 양의 독을 만들어냈는지 도무지 알 수 없었다.

판사는 현명하고 중립적이고 경험이 많은 인물이어야 했다. 아몬드 숲 요정회의는 아주 신중하게 판사를 맡을 요정을 결정했다. 그 요정은 바로 전설적인 족장 팡그룬으로 정해졌다. 팡그룬은 나이가 많지만 사슴과 나무 사이의 공정한 판결을 위해 이 임무를 흔쾌히 수락했다. 세콰이어 나무요정이 사는 숲은 거리가 좀 떨어져 있어서 팡그룬은 다음 날 오후 해질 무렵에 아몬드 숲에 도착했다. 그 유명한 팡그룬이 중요한 임무를 띠고 숲에 온다는 소문이 퍼져서, 팡그룬이 숲의 입구에 도착했을 때는 숲의 크고 작은 동물들이 환영의 물결을 이루었다.

사슴의 무리는 물론이고 다람쥐·토끼·청설모·동고비·부엉이·기린·도마뱀·개구리 등등 모든 동물이 다 나와서 팡그룬을 기다렸다. '지혜의 나무'란 별명이 붙은 팡그룬이야말로 숲의 요정의 원로이며 대부가 아닌가! 팡그룬은 동물들의 열렬한 환호를 받으며 숲에 들어왔다. 그는 미미를 한 눈에 알아보았다. "미미, 내가 여기 아몬드 숲까지 온 것은 당신을 보기 위한 것도 있어요. 당신의 용감함은 우리 세콰이어 숲에까지 전해졌다오. 직접 보니 정말 백년의 동물답게 의젓하고 늠름하구려!"

원래 숲의 요정은 자신의 모습을 동물들에게 드러내지 않는 것이 원칙이지만 팡그룬은 동물들이 자신을 볼 수 있게 허락해 주었다. 환영하던 동물이 모두 돌아간 후, 팡그룬과 요정들은 숲속 아늑한 장소로 들어갔다. 팡그룬은 풀잎 주머니에서 무언가를 꺼내 떡갈나무 요정 리리에게 건넸다. "이걸 빨리 아픈 사슴에게 먹이도록 하세요. 우리 숲에는 식물의 독을 제거하는 해독제가 있답니다. 사슴의 병이 나을 거예요. 그리고 남은 약은

떡갈나무 뿌리 곁에 묻어주면 떡갈나무 독 수치도 내려갈 거예요." "정말 고맙습니다. 요정님! 이런 귀한 것을 챙겨주시다니요!" 알프 요정이 반갑게 인사했다. 알프 요정의 가슴빛이 연초록으로 반짝였다.

아몬드 숲 법정

떡갈나무의 잘못을 말씀드리고자 합니다.

이른 아침, 숲의 요정들은 사슴이 사는 언덕으로 향했다. 멋진 뿔을 가진 아빠 사슴이 건강해진 가족들과 함께 요정과 미미 일행을 반갑게 맞이했다. 며칠 전만 해도 윤기를 잃고 배가 불렀던 사슴들이 활기를 찾은 모습은 보기 좋았다. 팡그룬 요정은 사슴들의 건강함에 마음이 뿌듯해졌다. 그들은 떡갈나무가 있는 곳에 도착했다.

팡그룬 재판장이 떡갈나무의 정면에 서고 그 오른쪽에 아몬드 요정 알프, 왼쪽에 떡갈나무 요정 리리가 자리했다. "이제 사슴을 해친 떡갈나무를 판결하는 법정을 엽니다." 팡그룬 재판장이 선언했다. 먼저 떡갈나무를 고발하는 알프 요정이 이야기를 시작했다.

"존경하는 재판장님! 저는 심한 독을 만들어 사슴 여러 마리를 죽음에 이르게 한 떡갈나무의 잘못을 말씀드리고자 합니다. 일주일 전 저는 평소처럼 이 사슴 언덕을 지나다가 사슴들이 죽어 쓰러져 있는 것을 보았습니다. 놀란 저는 그들이 즐겨 먹는 떡갈나무 잎이 병든 게 아닌가 하고 떡갈나무에게 가서 이 사실을 말했습니다. 하지만 떡갈나무에게서 시원한 이야기를 들을 수가 없었습니다. 다급해진 저는 식물을 지키는 백년의 동물 미미에게 가서 도움을 청했고, 미미는 바로 이곳으로 왔습니다. 미미는 여러 가지 조사를 했고 떡갈나무 잎에 독이 있는 것을 알아냈습니다. 재판장님도 아시지만 식물과 동물은 서로 돕고 의지하며 살아갑니다. 그래서 식물이 동물을 해치는 것은 범죄입니다. 저는 독을 만들어 사슴을 죽인 떡갈나무에게 그에 합당한 벌을 내리는 것이 옳다고 생각합니다."

"알겠습니다. 이제 떡갈나무 요정 리리가 말씀하시지요." 리리가 공손하게 손을 모으고 이야기를 시작했다. "존경하는 재판장님, 식물들은 인간과 동물에게 필요한 것을 다 줍니다. 저의 떡갈나무도 그랬습니다. 아직 어린 나무이지만 봄에 나오는 새 순은 물론이고 많은 잎과 가지와 껍질을 동물에게 주었습니다. 사슴 가족은 유난히 떡갈나무 잎을 즐겨 먹었지만 저의 떡갈은 사슴을 좋아하고 친구가 되어 주었습니다. 그런 떡갈나무가 독을 만들어 사슴을 죽일 이유가 무엇이 있겠습니까? 재판장님께서 억울한 떡갈나무의 사정을 헤아려 주시기 바랍니다."

"알겠습니다. 그런데 떡갈나무에 독이 있다는 건 누가 알아냈지요?" "재판장님, 빅을 증인으로 세우기를 신청합니다." 알프가 말했다. "좋습니다. 그럼 빅의 말을 들어보지요." 빅은 부리부리한 눈을 한 번 굴리고는 말을 시작했다. "재판장님, 저는 많은 식물의 잎을 먹어봤기 때문에 그 안에 들어 있는 성분을 금방 알 수 있습니다. 떡갈나무 잎에 독이 있는 것이 확실합니다." 이번에는 리리가 나섰다. "재판장님, 아빠 사슴을 증인으로 신청

합니다. 떡갈과 어떤 사이였는지 들어보시기 바랍니다."

아빠 사슴이 한 발 앞으로 나왔다. "재판장님, 뵙게 되어 영광입니다. 저와 제 가족이 이 언덕에 자리 잡을 무렵부터 떡갈나무와 저희들은 친구가 되었습니다. 우리들이 나무의 순과 잎과 가지와 줄기를 먹어도 떡갈은 우리를 미워하지 않고 잘 대해 주었습니다. 늘 떡갈나무에게 감사합니다. 떡갈은 정말 좋은 친구입니다."

"흐음…. 이제 백년의 동물 미미의 이야기를 들어보도록 하지요." "재판장님, 저는 떡갈나무와 이야기를 나누었는데 제게 이런 말을 했습니다. 나무의 몸은 화학실험실과 같아서 자기 마음대로 독을 올리거나 내릴 수가 없다고 했습니다. 그래서 저는 무언가가 떡갈나무의 독 수치를 올렸다고 생각합니다. 모두가 아직 알지 못하는 다른 문제가 있는지도 모릅니다."

울타리가 문제야

거대하고 긴 울타리가 숲을 가로 지르고 있었다.

"미미의 말대로라면 어떤 원인으로 독이 올라갔는지 알아봐야겠군요." 팡그룬 재판장은 이쯤에서 오늘의 법정을 정리했다. 사흘 뒤 같은 시간에 다시 법정을 열기로 했다. 알프와 리리는 곧바로 조사단을 꾸렸다. 사슴 언덕을 중심으로 무슨 일이 일어났는지 알아보기로 했다. 알프 요정은 미미를 통해 동고비 부부에게 이 일을 부탁했다.

도도 아줌마와 아저씨는 그 사이 아이들이 많이 자라서 시간이 자유로워진 학부모가 되어 있었다. 도도 아줌마는 오랜만에 숲의 중요한 임무를 맡아서 좀 들떠 있었다. "미미야, 아이들 양식을 구하러 밖에 나가기는 했지만 이렇게 중요한 일을 하러 나가는 건 난생 처음이야!" 아줌마와 아저씨는 번갈아 조사를 나가기로 했다.

먼저 동고비 아저씨가 사슴 언덕의 동쪽으로 나가 보았다. 언덕의 동쪽은 주로 풀밭이었다. 간혹 키가 작고 여린 나무들이 보이기는 했지만 토끼풀을 비롯한 각종 풀들이 활개를 치며 살고 있었다. 작은 동물과 풀들이 어우러져 평화롭게 즐기는 곳이었다. "어때요? 아저씨. 특별한 일이 있어요?" "아니, 미미! 동쪽은 그저 한가롭기만 해."

다음 날은 도도 아줌마 차례였다. 아줌마는 부지런히 아이들 아침을 챙겨주고는 신나게 서쪽으로 향했다. 도도 아줌마는 사슴 언덕의 서쪽을 찬찬히 둘러보았다. 서쪽은 좀 복잡한 곳이었다. 바위가 많고 죽은 나무 등걸도 있었다. 지난가을 태풍이 왔을 때 이 지역의 피해가 심해서 여기저기 꺾인 나무들이 많았다.

'별 문제는 없어 보이네.' 도도 아줌마가 집으로 향하려고 방향을 틀었을 때 무언가가 보였다. '저게 뭘까?' 아줌마는 잘못 본

게 아닌가 생각했다. 그래서 큰 나뭇가지에 걸터앉아 그쪽을 다시 바라보았다. 울타리였다! 전에는 없던 것이었다.

사슴 언덕에서 조금 떨어진 곳에 철제 울타리가 있었다. 크고 단단한 울타리는 언덕의 서쪽을 촘촘하게 막아놓고 있었다. 아줌마는 미미에게 이 사실을 알렸고, 이 사실을 들은 알프와 리리는 사슴 언덕 서쪽으로 향했다.

거대하고 긴 울타리가 숲을 가로 지르고 있었다. 미미는 사슴 가족에게 물었다. "저기 울타리가 생겼는데 알고 있었어요?" 엄마 사슴이 대답했다. "예, 얼마 전부터 저 울타리가 생겼어요. 그래서 우리는 먹이를 구하러 그 너머로 갈 수 없었어요. 이곳의 떡갈은 우리에게 좋은 양식을 주지만 저 너머에도 참 맛있는 나뭇잎들이 많았거든요. 그런데 요즘은 그곳으로 가지 못했어요." 미미가 고개를 끄덕였다. "그래서 여기 있는 떡갈나무 잎만 먹어야 했군요."

미미는 요정들에게 갔다. "인간이 숲의 서쪽에 친 울타리 때문에 사슴들이 그 너머의 잎은 전혀 먹을 수가 없었다고 해요." "그렇담 가엾은 나의 떡갈이 너무 힘들었겠는 걸?" 리리가 떨리

는 음성으로 말했다. "사슴들이 아기 떡갈의 잎만 주로 먹었겠네?" 알프가 되받아 말을 이었다.

"미미, 나무는 잎이 너무 많이 뜯기면 자신을 보호하기 위해 독을 만들게 돼. 그러다가 동물들이 잎을 뜯지 않으면 다시 독의 수치를 내리지." "그렇담, 사슴 가족이 쉬지 않고 잎을 먹으니까

불쌍한 떡갈나무는 계속 독을 만들 수밖에 없었군요." "맞아, 미미. 그런 줄도 모르고 나는 떡갈나무를 벌주려고 했어." 알프 요정은 울먹이며 말했다.

판결

떡갈아, 너의 잘못이 아니야.

"그동안 새로운 사실이 있었는지요? 알프님이 얘기해 주실래요?" 사흘 후 열린 법정에서 팡그룬 재판장이 말했다. "재판장님, 저희는 힘을 합해 숲의 이곳저곳을 조사했습니다. 그리고 인간이 만들어 놓은 울타리를 발견했습니다. 사슴들은 울타리 때문에 그 너머에 있는 나뭇잎을 먹을 수가 없었습니다. 그래서 어린 떡갈나무의 잎만 주로 먹었다고 합니다." "저런! 그렇다면 떡갈은 견딜 수 없었을 텐데!" 팡그룬 요정이 혀를 쯧쯧 찼다. "그렇습니다. 그래서 떡갈은 자기도 모른 채 독 수치를 계속 높일 수밖에 없었습니다. 저는 그런 줄도 모르고…." 알프 요정은 말을 잇지 못하고 울먹였다.

"아빠 사슴의 말을 들어볼까요?" "재판장님, 그건 사실입니다. 저희 무리 중에 약한 사슴들은 가까운 곳에 있는 떡갈의 잎만 먹었습니다. 그래서 아이들과 몸이 약한 엄마들이 많이 죽었습니다. 저와 힘이 센 엄마 사슴들은 좀 더 먼 곳의 나무에게 갈 수 있었지만요."

이제까지 가만히 듣고 있던 떡갈나무가 울음을 터뜨렸다. "아무리 그렇다고 해도 이것은 저의 잘못입니다, 재판장님. 저를 벌하여 주세요. 제가 좋아하는 사슴 가족이 저의 독 때문에 죽었다니요! 저는 설마 하였는데, 모두 저의 잘못입니다." 리리 요정이 떡갈을 도닥여 주었다. "떡갈아, 식물은 마음대로 독 수치를 올렸다 내렸다 할 수가 없어, 생존이 위협을 받으면 마치 공장의 기계가 움직이는 것처럼 자동으로 독 수치가 올라가는 걸? 너의 잘못이 아니야."

"자, 이제 사실을 알게 되었으니 판결을 내리도록 하지요." 팡그룬 재판장이 자상하고 위엄 있게 말했다. "나, 팡그룬 재판장은 아몬드 숲 사슴 살해 사건에 대하여 다음과 같이 판결합니다.

이 사건의 범인은 울타리를 친 인간입니다. 떡갈나무는 무죄임을 판결합니다." 모두 환호성을 질렀다.

아빠 사슴과 엄마 사슴은 떡갈나무를 위로했다. 그들은 예전처럼 예쁜 우정을 나눌 것이다. 팡그룬 재판장은 아몬드 숲 요정과 동물들의 배웅을 받으며 고향으로 돌아갔다. 미미는 오랜 만에 수수 형제와 도도 아줌마와 시간을 보내게 되었다. 빅과 미소도 함께였다.

"미미, 역시 백년의 동물은 멋져! 너는 요정과 이야기할 수 있고, 동물은 물론이고 식물이랑도 대화할 수 있잖아. 그럼 몇 개 국어를 하는 거지? 음, 3개 국어쯤 될라나?" 빅이 말했다. "놀리지 마, 빅! 이번 일은 너의 공이 컸어. 개미들은 능력자야. 별걸 다 안다니까." "그런데 빅! 사슴 똥 맛은 어땠어?" 미소가 빅을 놀리느라고 말했다. "응, 그게 독이 들어서 그렇지, 맛은 나쁘지 않던 걸?" 빅이 아무렇지 않게 말했다.

"미미야, 오랜만에 왔으니 좀 놀다 가면 어때? 백년의 동물을 이렇게 붙잡아 두어도 될지 모르겠지만 이곳은 백년의 동물이 탄생한 곳이니 좀 있다 가도 좋을 것 같은데?" 미미와 헤어지기

싫은 도도 아줌마의 부탁이었다. "그래, 미미! 우리랑 좀 지내자. 미소도 같이 왔고." 수수가 거들었다.

"나도 바로 가고 싶진 않아요. 아줌마! 빅, 너는 어때? 이곳에 좀 더 있어도 돼?" "백년의 동물과 식물의 힘으로 우리 왕국이 살아났는데 제가 감히 미미님의 부탁을 거절할 수 있나요?" 빅이 익살맞게 대답했다. "호호, 그럼 허락해 주는 거지?"

미미와 미소, 빅과 도도 아줌마, 수수와 소소의 머리 위로 둥근 달이 떠올랐다. 달빛을 받은 풀들이 그들을 위한 노래를 불러

주었다. "세상은 친구가 있어 아름답다네. 세상은 친구가 있어 즐겁다네. 멀리 있어도 마음 알지만, 가까이 있는 그 시간 보석처럼 소중하지."

블루래빗의 슬픔

아몬드 나무

별별 동물과 곤충이 우리를 찾아오지.

"미미, 집으로 돌아갈 거야?" 사근사근한 목소리에 미미는 고개를 돌렸다. 아몬드 나무가 잎을 팔랑거리고 있었다. "아, 아몬드구나! 안녕?" "미미, 나는 널 계속 기다리고 있었어. 언젠가 너랑 이야기할 때가 오겠지 하고." "아몬드야, 내가 여기저기 돌아다니다 보니…, 그렇게 되었네. 널 기다리게 해서 미안해." "알고 있어, 미미. 그동안 이 숲에 사슴 사건이 있었던 것도." "그런데 아몬드야, 요즘도 청설모가 너를 괴롭히고 그래?" "미미, 그 정도 괴롭힘은 그냥 일상이야. 그때 네가 나를 아껴주어서 흐뭇했어."

이제는 꽃을 다 떨군 아몬드 나무는 싱싱한 푸른 잎을 햇빛에 반짝이고 있었다. "미소는 어제 빅이랑 집으로 돌아갔고, 나는 수수 형제가 붙잡아서 며칠 더 있을 참이었어. 아몬드야, 나는 네가 부러워. 봄날의 그 예쁜 꽃들을 다 떠나보내고 난 뒤에도, 이렇게 싱싱한 잎을 자랑할 수 있잖아?" 미미가 말했다.

아몬드가 가지를 으쓱하면서 좀 쑥스러워 했다. "미미, 우리 나무들은 한 곳을 지키고 앉아서 오가는 많은 동물과 어울려 사는 운명이야. 별별 동물과 곤충이 우리를 찾아오지, 인간도 그렇고. 하지만 이제까지 살면서 너처럼 나무를 아껴주는 동물은 본 적이 없어. 너를 만나 정말 고마웠다고 꼭 말하고 싶었어." 아몬드 나무의 목소리가 잔잔하게 떨렸다. 나무는 그날의 감동을 잊지 않고 있었다.

"그런데 미미, 우리가 왜 많은 동물이 오고가는 것을 그저 담담하게 보아 넘길 수 있는지 아니? 네가 보았던 청설모는 내 가지를 권투장으로 알고 마구 뛰어다니며 나의 아기들인 꽃을 해쳤잖아? 우리가 단지 식물이고, 동물보다 힘이 없어서 그렇다고 생각할 수도 있겠지만, 그게 다가 아니야. 너도 보았듯이 떡갈나무의 독 때문에 사슴이 많이 죽었지?"

"그래, 맞아, 아몬드! 떡갈은 자기가 그렇게 힘이 센 존재인지 모르고 있었고, 그래서 사슴이 죽은 걸 아주 슬퍼했어. 내 앞에서 펑펑 우는데 나도 마음이 안 좋았어." "맞아, 미미. 우리가 마음만 먹으면 세상에서 제일 힘이 세다고 자랑하는 인간도 감쪽같이 없앨 수 있어. 하지만 우리의 존재 이유는 이 세상이 잘 돌아가도록 하는 거야. 나무의 요정은 나무가 그 일을 잘 할 수 있도록 돕는 존재이고." "그런데 인간이나 동물은 너희들이 움직이지 못한다고 우습게 보지?" 미미가 고개를 끄덕이며 물었다.

"호호, 미미야. 동물은 그렇지 않아. 물론 가끔 무식한 동물이 우리를 괴롭힐 때도 있지만 웬만한 동물은 우리의 존재를 본능적으로 알고 느낀단다. 미미, 너는 착한 아이니까 꽃을 소중히 여기고 우리를 도와준 거구. 넌 특별한 백년의 동물이잖아?" 아몬드 나무가 가지를 흔들며 손뼉을 쳤다. 그 바람에 주변에 싱그러운 내음이 쫙 깔렸다.

"무슨! 난 그저 꽃이 좋아. 다시 태어나면 꽃으로 태어나고 싶어. 오랫동안 살진 못해도 숲속 모두의 사랑을 받잖아." 아몬드 나무가 말을 이어갔다. "미미, 우리가 동물이나 인간을 무심히 보아 넘길 수 있는 건 우리 나이가 더 많은 탓도 있어. 우리가 얼마나 오래 사는지 너 알아?" "글쎄, 엄마가 그러셨는데 나무들은 보통 백 년을 훌쩍 넘긴다고 그러시던데?" "미미, 백 년은 기본이고 나무들은 천 년을 살기도 해. 지구에 사는 나무 중엔 오천 년을 살아가는 나무도 있단다." "우와! 대단해. 우리 같은 동물이랑 비교가 안 되는구나."

태곳적 이야기

우리는 이 지구의 맏언니고 맏형이야.

"최고의 동물이라고 자랑하는 인간도 오래 살아봐야 백년 남짓이야. 그리고 무엇보다 중요한 건 우리는 이 지구의 맏언니고 맏형이야." "그게 무슨 뜻이야?" "미미, 아주 오랜 옛날에, 세상에 아무 생명체도 없고 해도 달도 별도 바다도 없던 그 시절엔 오직 신만이 존재했단다." "신이라고?" "응, 요정보다 훨씬 크고 힘 있는 존재야. 신은 너무 커서 그 누구도 신의 모습을 볼 수 없다고 해. 신에 관한 이야기는 엄마한테 들었어. 우리 나무들은 태곳적 이야기를 알고 있어. 엄마의 엄마, 또 할머니의 할머니, 그리고 그 윗대의 할머니의 할머니가 오래 전 이야기를 자식들에게 들려주어서."

"맞아, 나도 엄마가 할머니한테 들었던 이야기를 해주신 게 있어." "나무는 많은 비밀을 알고 있지만 동물은 아무것도 모르지. 식물과 동물은 서로 이야기를 할 수 없잖아, 언어가 달라서." "나는 백년의 동물이 되어서 너랑 얘기할 수 있는 거지?" 미미가 신이 나서 대답했다. "미미! 백년의 동물의 특권 중에 소원을 들어주고 하는 것 따윈 아무것도 아니야. 백년의 동물은 식물과 이야기를 할 수 있으니 세상에 모르는 게 없게 된단다."

아몬드 나무가 말을 이어갔다. "동물에게 세상의 비밀을 이야기해 주는 건 우리 식물한테도 신나는 일 아니야? 그래서 미미, 나도 선택된 식물이 된 거 같아서 우쭐해져." 나무가 어깨를 으쓱했다. 그 바람에 잎들이 모두 흔들려서 쏴아 하는 소리가 들렸다.

"그런데 태초에 무슨 일이 있었던 거야, 아몬드? 빨리 듣고 싶어." 미미가 졸랐다. "아, 그러니까 신은 우리가 사는 텅 빈 지구를 꽉 채우고 싶었다고 해. 각종 생명체로 말이지. 신은 우선 빛과 물을 만들었어. 그리고 바로 만든 게 무언 줄 알아, 미미? 바로 우리들, 식물이야."

"왜? 왜 식물부터 만든 거야? 인간이 먼저가 아니고." "식물이 있어야 나머지 생명이 살 수가 있어, 미미. 신이 빛과 물을 먼저 만든 건 우리 식물의 생존을 위해서야. 우리는 빛과 물이 있어야 살 수 있으니까. 만약에 인간부터 만들었다면 어떻게 되었을까?"

"글쎄… 아! 인간은 아무것도 못하고 굶어 죽었겠지?" "딩동댕! 맞아, 미미. 인간은 식물과 동물을 먹고 살잖아. 그래서 세상에 먼저 탄생한 건 식물이지. 동물이 식물을 먹고 살아야 하니까. 우리는 빛과 물과 공기만으로 먹을 걸 척척 만들어 낸단다. 우리가 만든 잎과 열매가 인간과 동물의 먹이가 되잖아? 신은 우리를 맏언니와 맏형으로 만들어서 우리가 다른 생명을 기를 수 있도록 한 거야. 신의 맏자식인 우리는 동생들이 좀 까불어도 함부로 대할 수가 없어."

"정말 재미있는 걸? 가만있자…, 그러면 동물은 몇 번째 자녀야?" "생각해 봐, 미미. 인간을 먼저 만들었을까? 동물을 먼저 만들었을까?"

"음…, 인간이 우리 동물을 잡아먹기도 하니까 동물이 두 번째 자식이겠네!" "그렇지, 역시 미미는 똑똑해. 인간은 지구의 막내야. 그런데 이 막내는 동물처럼 큰 이빨과 발톱도 없고 식물처럼 유기물을 만드는 능력도 없어." "아주 연약한 막내구나." "우리가 동물이나 인간을 너그럽게 보아 넘기는 이유는, 그들 모두는 우리가 돌봐야 할 동생들이기 때문이야."

"대단한데? 미소와 아빠가 인간에게 잡혀갔었는데 그렇게 힘센 인간이 식물과 동물의 동생이라니!" 아몬드 나무의 이야기가 너무도 신기해서 미미는 입을 다물 수가 없었다.

보랏빛 꽃

미미는 작고 청초한 꽃을 발견했다.

"미미, 여기 있었네. 혼자 뭐 하고 있는 거야? 일어났으면 우리를 찾지 않고." 수수와 소소가 미미에게 달려왔다. "나, 아몬드 나무랑 얘기하고 있었어." "나무한테 내가 반가워 한다고 전해줘." 수수가 부탁했다. 수수의 인사를 전해들은 나무는 가지를 끄덕였다. "수수, 아몬드 나무도 너를 만나서 반갑다고 하네." "미미, 우리 저기 가서 꽃꿀 따먹기 놀이하자. 그래야 꽃들도 결혼을 하지!" 소소가 졸라서 미미는 나무와 작별하고 시냇가로 향했다. 그곳에는 설치류의 중매를 기다리는 큰 꽃을 가진 식물이 나지막하게 피어 있었다. 참 오랜만이었다. 아빠를 찾으러 이 숲에 왔을 때 미미는 수수 형제의 따뜻한 돌봄으로 용기를 잃지 않았었다. 한참을 놀고 있던 미미는 기척을 느꼈다. 리리와 알프였다. "미미, 오랜만에 즐거운 모습을 보니까 좋네!"

알프 요정이 미미를 반기며 말했다. "나 그냥 아몬드 숲에서 살까 봐요." 미미의 대답이었다. 수수 형제는 미미가 혼자 이야기하는 게 이상했다. "미미, 이번에도 클로버랑 얘기하는 거야?" 소소가 물었다. "아니, 요정님들이 왔어." "미미, 요정님들과 할 얘기가 많겠네, 우리는 나중에 다시 만나자." 수수 형제는 집으로 돌아갔다.

"미미, 너는 지혜로운 백년의 동물이야. 우리는 하마터면 죄 없는 떡갈나무를 벨 줄 뻔 했어." 알프 요정이 생글생글 웃으며 말했다. "빅과 동고비 아줌마 덕분이에요. 떡갈은 요즘 어떻게 지내요?" "떡갈도 컨디션이 좋아졌어. 그리고 앞으로 몸이 이상해지면 바로 사슴에게 신호를 보내기로 했단다." 기분이 좋아진 리리가 대답했다.

그들은 다정하게 냇가를 걸었다. 미미는 작고 청초한 꽃을 발견했다. 보라색의 작은 꽃이 미미에게 말을 걸었다. "안녕! 백년의 동물. 나를 찾아줘서 반가워." 꽃은 불어오는 남쪽 바람을 타고 몸을 이리저리 흔들며 춤추고 있었다. 미미는 걸음을 멈추고 꽃에게 다가갔다. "보랏빛 꽃아, 너의 이름은 뭐니?" "내 이름은 블루래빗이야." "블루래빗은 이 숲에서 가장 작고 귀여운 꽃이란다. 미미." 리리가 말했다. "미미, 내 몸을 한 번 만져주지 않겠니?" 미미가 작은 앞발을 들어 꽃을 쓰다듬었다. 바람을 타고 꽃의 향기가 미미의 코로 들어왔다. 아주 강한 향이었다.

  미미는 정신을 잃고 쓰러졌다. 알프와 리리는 너무 놀라 어찌할 바를 몰랐다. 미미를 아무리 흔들어도 소용없었다. 그들은 블루래빗을 혼내고 어쩌고 할 정신도 없었다. 두 요정은 미미를 양쪽에서 부축하고는 황급히 그곳을 빠져나와 요정의 궁전으로 옮겼다. 궁전 문 앞에 다다랐을 때 두 요정은 힘이 다 빠져 있었다. 워낙 작은 요정이라 자신들과 덩치가 비슷한 미미를 데리고 여기까지 오는 것은 쉬운 일이 아니었다. "도대체 무슨 일이에요? 어쩌다 미미가 이렇게 된 거죠?" 클로버의 요정이 물었다. "우리도 모르겠어요. 블루래빗의 향에 약간의 독성이 있는 건 알지만 미미가 이렇게 쓰러질 정도는 아니거든요."

지친 알프가 잘 나오지도 않는 목소리로 말했다. "빨리 편안한 곳으로 옮깁시다. 백년의 동물의 안전은 숲의 모든 식물과 동물을 위해 중요한 일이에요!" 클로버 요정은 다른 요정들을 부르고 미미를 침대에 눕혔다. 몇몇 요정은 해독을 위해 약초를 구하러 나갔고, 남아 있는 요정은 미미에게 따뜻한 물로 찜질을 해 주었다. 요정의 궁전 제일 안쪽 미미가 누워 있는 방은 귀빈용 객실이었다. 햇빛이 잘 들고 바람이 가장 잘 통하고 전망도 좋은 방이었다. 투명한 천정 위에는 보석처럼 박힌 하늘의 별들이 조명을 대신해 주었다.

블루래빗 이야기

방은 어두웠고 작은 창문이 하나 있었다.

 알프와 리리는 꼼짝 않고 미미를 돌보았다. 약을 구하러 간 클로버 요정이 해독 풀을 달여서 그 향을 미미의 코에 대 주었다. 하지만 미미는 깨어나지 않았다. 걱정이 큰 알프가 미미의 심장에 귀를 대보았다. 심장은 아무 문제 없었다. 리리가 미미의 발목을 살펴보았는데 맥박도 정상이었다.

 궁전이 다 뒤집어질 정도로 요정들이 수선을 떨며 미미를 간호하던 어느 날, 미미는 깨어났다. 작고 가느다란 노랫소리가 미미를 깨웠다. 미미를 간호하고 있던 알프가 잠깐 잠든 사이, 미미는 노랫소리를 따라 방문을 나섰다. 약간의 현기증이 남아있지만 걸을 수 있었다.

 방문을 나서니 넓은 홀이 나타났다. 홀 가운데 둥근 천장을 뚫고 사닥다리가 이어졌다. 까마득하게 높아서 끝이 보이지 않는 사닥다리였다. 홀에는 아무도 없어서 미미는 누구의 눈에도 띄지 않았다. 높은 곳에서 가느다란 노랫소리가 향기와 함께 사닥다리를 타고 내려왔다. 미미는 한 발자국씩 사닥다리를 올랐다. 위로 오를수록 사닥다리는 좁아졌고 향기도 짙어졌다. 그 향기는 바로 블루래빗의 향이었다.

 한참을 올라 홀의 천장을 벗어나자 사닥다리는 없어졌고, 세찬 회오리바람이 불어왔다. 미미는 회오리를 타고 어딘가로 옮겨졌다. 향기와 바람과 노랫소리에 휘감겨 미미는 정신을 차릴 수가 없었다.

 어딘가에 쾅! 하고 부딪치는 충격에 미미는 깨어났다. 벽난로 속이었다. 난로에 불을 붙이지 않아서 비어 있는 곳이었다. 미미는 찬찬히 주위를 둘러보았다. '여기는 어디일까?' 방은 어두웠고 작은 창문이 하나 있었다. 창문 옆에는 초라한 나무침대가 하나 놓여있었다.

미미는 조심스레 침대 옆에 다가갔다. "쨍그랑!" 움직이는 사이에 어두운 방안에서 미미는 무언가와 부딪혔다. 미미가 움찔하는 사이에 작은 목소리가 들렸다. "거기, 누구 있어요?" 귀에 익은 목소리였다. 바로 노랫소리의 주인공이었다. 미미는 침대 밑에 몸을 숨겼다. 그때였다. 밖에서 쿵쿵하는 소리가 들리더니 방문이 삐걱하고 열렸다.

엄청나게 큰 발을 가진 거인이 방 안으로 들어왔다. "래빗! 무슨 일 있어요?" 거인은 키와 덩치가 아주 크고 털은 온통 빨갰다. 하지만 목소리는 부드럽고 온화했다. 거인은 방의 불을 켜고 무슨 일인가 살폈다. "무언가가 깨지는 소리가 들렸는데…. 괜찮아요, 래빗?" 거인이 부드러운 목소리로 물었다. "그거 말고는 아무 일도 없어요." 노랫소리의 주인공, 래빗이 대답했다.

"아, 이거였구나. 여기 작은 잔이 떨어졌네." 거인은 바닥에 쓰러진 잔을 주워 올렸다. 침대에 있던 래빗이 일어나 다가갔다. "아빠가 주신 바로 그 잔이네. 우리 집안의 전설이 담긴 잔인데, 요즘 안 보여서 계속 찾았는데…. 무슨 일이 일어난 걸까요?"

래빗은 잔을 들어 올려 소중하게 손으로 감쌌다. 잔은 하나도 상하지 않았다. 미미가 침대 밑에서 보니 양쪽에 귀가 달린 이 은잔은 불빛 아래서 수줍게 빛나고 있었다. "방 안에 아무도 안 보이니 누군가 침입한 거 같진 않아요, 래빗! 우리가 찾던 이 잔이 지금 나타났으니 무언가 좋은 징조가 아닐까요?" 침대 옆 의자에 걸터앉은 거인이 조심스레 말했다. "그래요, 레드. 당신 말이 맞았으면 좋겠어요." 래빗이 밝은 목소리로 대답했다.

'나는 왜 여기에 와 있을까? 거인과 소녀, 아니, 레드와 래빗은 누구일까?' 미미는 잠시 생각에 잠겼다. 갑자기 집안이 세차게 흔들렸다. 그 충격으로 미미는 데굴데굴 굴렀다. 미미는 침대 다리를 꽉 잡고 버티었다.

붉은 거인

나만 믿어요, 래빗!

"래빗, 빨리 몸을 숨겨야 해요!" 레드의 화급한 목소리가 들렸다. 레드는 잽싸게 래빗을 안아서 비밀 벽장에 숨겼다. 그러고는 밖으로 나갔다. 얼마나 시간이 흘렀을까? 레드가 한참 만에 다시 돌아오는 소리가 들렸다. 레드는 벽장문을 열고 래빗을 침대로 옮겨 주었다. "레드, 어떻게 되었어요?" 겁에 질린 래빗의 목소리가 들렸다. "우탄의 졸개들이 왔었어요. 아무 일도 없으니 염려하지 말아요, 래빗!" 레드가 다정하게 대답했다.

'우탄은 누구이고 이들은 왜 겁에 질려 있을까? 그리고 왜 래빗은 숨어서 불안하게 살아야 하나?' 미미는 궁금해졌다. "언제까지 숨을 수 있겠어요? 숲을 구하려면 내가 나서는 수밖에 없어요, 레드." "그런 생각은 하지 말아요. 나만 믿어요, 래빗!" 둘은 손을 맞잡고 한동안 아무 말도 하지 않았다. 레드가 돌아가고 래빗만 남자, 미미는 도무지 궁금해서 견딜 수가 없었다.

살금살금 침대 밑에서 밖으로 나온 미미는 일부러 크게 기침을 몇 번 했다. "켁! 켁!" 그 소리에 래빗은 화들짝 미미를 바라보았다. "넌 누구니? 누군데 내 방에 와 있는 거지?" 보랏빛 드레스에 가지런히 긴 머리를 묶은 래빗은 투명한 아름다움을 지닌 소녀였다. 미미를 바라보는 래빗의 눈에는 두려움과 호기심이 섞여 있었다.

"안녕, 난 미미야. 보다시피 작은 햄스터지. 나도 여기에 어떻게 왔는지 모르겠어. 어떤 힘이 나를 이곳에 데려왔어. 노랫소리와 사닥다리, 그리고 회오리바람에 실려서. 겨우 정신을 차려보니 여기 너의 방이었어." "정말 신기한 일이구나. 네 말을 다 믿을 수는 없지만 안 믿을 수도 없네. 여기는 아무리 작은 햄스터라도, 아니 개미조차도 마음대로 들어올 수 없거든."

"내가 여기 왔을 때 너의 잔이 쨍그랑 소리를 냈었어. 너의 잔을 건드려서 미안해. 조심해서 움직였는데 방이 어두워서 잘 안 보였거든." "아, 미미! 나의 잔을 찾아준 게 바로 너였어?" 아빠의 잔 이야기가 나오자 래빗의 경계심이 풀어졌다. 래빗은 입꼬리를 올리며 살포시 미소를 지었다. 투명한 아름다움 속에서 화사함이 배어 나왔다.

"래빗, 내가 일부러 훔쳐 들은 건 아니지만 너와 거인, 아니 레드가 하는 말을 다 들었어. 레드가 너를 벽장 속에 숨기는 것도 봤어. 너에게 안 좋은 일이 있는 거 같아서, 더 이상 숨어 있을 수가 없었어." "미미, 너는 마음이 착한 햄스터구나, 하지만 내일은 신경 쓰지 말아. 너의 집이 어딘지 알려주면 내가 레드에게 부탁해서 데려다줄게."

"나는 평범한 햄스터가 아니야. 내가 여기에 온 것은 이유가 있는 것 같아. 할 일이 다 끝나면 저절로 돌아가게 될 거야. 그러니까 너를 도울 수 있도록 이야기를 해 줘." "미미, 너는 정말 특이한 아이구나. 마음은 고맙지만 여기 계속 있으면 너도 위험해질 수 있어. 나의 친구 레드는 먼 길도 금방 갈 수 있으니까 집에 데려다 줄 게. 내 말 들어, 미미!" "너를 돕기 전까지는 돌아갈 수 없을 거야. 사실, 집에 가는 길도 몰라. 회오리바람을 타야 갈 수 있는데 그 바람이 언제 어디서 불지 나도 모르고 너도 몰라." "저런! 도무지 이해할 수 없는 말만 하고 있네. 네가 그렇게 궁금하다면 나의 이야기를 해줄게. 내 얘기를 다 듣고 돌아가도 될 터이니." 래빗은 미미를 이해하지 못했지만 자신의 사연을 말하기로 했다.

인간나무, 인목

우리 가문은 물푸레나무 집안이란다.

"미미, 내가 인간으로 보여? 겉모습이 인간이니 그렇게 알았겠지? 나는 인간이 아니야. 나는 식물이야." 의아해하는 미미에게 래빗이 드레스를 걷어 올렸다. 드레스 안에는 인간의 다리가 아닌 나무뿌리가 있었다. 희고 고운 뿌리가 다리처럼 곧게 뻗어 있었다. 미미는 너무 놀라서 숨이 확 멈추는 것 같았다.

"미미, 많이 놀랐지? 혹시 인어이야기 들어봤어? 인어는 상반신이 인간이고 하반신이 물고기지? 나도 비슷해. 난 상반신이 인간이고 하반신이 나무니까 인간나무, 즉 인목이야." 미미는 그동안 신기한 존재들과 만났었다. 식물의 요정도 만났고 유명한 나무 요정인 팡그룬과도 이야기를 나누었다.

하지만 인목이라니? 인어도 아닌 인목이라니? 인어보다 더 신기한 인목이라는 희한한 생명체가 미미 앞에 서 있었다. "래빗! 그럼 원래 너는 이런 모습으로 태어난 거야?" 놀란 가슴을 가라앉히고 미미가 조심스레 물었다. 래빗은 부드럽게 웃으며 고개를 가로저었다. "아니, 그렇지 않아. 아빠가 나를 이런 모습으로 변신시키셨어." "왜? 도대체 왜?"

"미미, 지금 이 숲, 파샤는 큰 위험에 빠졌어. 숲을 구하려면, 그리고 나를 지키려면 내가 이런 모습을 하는 게 좋다고 아빠는 생각하신 거야." "무슨 위험인데?" "우리 숲은 수천 년 동안 아름답고 평화롭게 지내왔어, 미미. 땅 속의 작은 곤충은 나무뿌리를 집 삼아 살았고, 땅 위에 크고 작은 동물은 식물의 열매를 먹고 나무의 잎과 가지를 양식 삼아 살았단다. 공중을 날아다니는 새들은 나뭇가지에 의지하면서 일생을 보내고."

"맞아, 어느 숲이나 나무와 식물이 동물의 안식처지." "그래, 미미! 우리 가문은 수천 년을 이어온 물푸레나무 집안이란다. 아버지는 대대로 이어져 온 숲의 대왕이시고." "그러면 너도 물푸레나무?" "응!" "그런데 어쩌다가 인간의 모습을 하게 된 거야?"

래빗은 작은 한숨을 쉬었다. "얼마 전 이 행복한 숲에 침입자들이 나타났어. 그들은 커다란 도끼와 톱을 가지고 숲의 나무를 무자비하게 베었지. 셀 수 없이 많은 나무들이 잘려 나갔어. 나무가 없어지니 동물도 살 수 없게 되었지. 미미, 넌 이 말을 이해할 수 있지?" "그럼, 나도 나무에 의지해서 사는 작은 동물인 걸!"

"그렇게 시작된 인간들의 횡포는 점점 커졌어. 나무를 베어서 가져가려고 숲 한가운데에 길을 만들었고 그 길을 따라 아주 큰 트럭들이 들어왔지. 그 바람에 숲에 사는 작은 동물은 무서워서 다들 도망을 갔어. 나의 친척과 가족들, 자매와 형제들도 무사하지 못했어. 아빠는 아직 살아 있는 막내딸인 나를 보호하려고 하셨단다. 베어져 돌아가시기 전날에 아빠는 온 힘을 다해 파샤의 수호신에게 기도하셨지. 막내딸인 래빗을 지켜달라고!"

래빗은 더 이상 말을 잇지 못했다. 래빗의 눈물이 톡! 하고 바닥으로 떨어졌다. 눈물은 바로 음표로 변했다. 또 한 방울의 눈물이 떨어지고 그렇게 눈물이 쌓여갔다. 마룻바닥은 오선지가 되고 음표들이 그 위에 가득했다. 음표들은 구르면서 노래를 시작했다.

"래빗을 구하자, 래빗을 구하자! 물푸레 가문의 막내 공주님! 숲의 정기를 이어온 고귀한 가문의 아가씨! 래빗을 살려야 해! 래빗은 우리의 유일한 희망, 파샤 숲의 운명이지. 수천 년 이어온 숲은 동물의 낙원, 래빗을 지켜야 해! 수천 년 지켜온 숲은 생명의 보물창고, 래빗을 살려야 해!"

음표들의 노래

두 소녀의 폭소에 나뭇잎들도 뒹굴며 웃었다.

"맞아! 이 노래야!" 미미가 소리쳤다. 미미의 외침에 놀란 음표들이 갑자기 노래와 춤을 멈추었다. "미미, 무슨 말을 하는 거야? 노래라니?" 래빗이 외쳤다. 음표들은 다시 나뭇잎으로 변했다. "나를 이곳으로 데려온 노랫소리! 바로 이거였어." 그 말에 래빗은 슬픔에서 벗어났다. "이 노래를 네가 들었다고?" 래빗이 되뇌었다. "나는 노랫소리에 잠이 깼었고 이 소리를 따라서 사닥다리에 올랐고 그러다가 회오리바람이 나를 데려온 거야."

"노래를 따라 왔다고? 그렇다면…. 미미, 네가 바로 이 숲을 구하러 온 기사구나!" 래빗이 환하게 웃었다. "맙소사! 내가 엄마와 이모들에게 들은 기사 이야기는 이게 아니었는데…. 건장한 멋진 남자가 백마를 타고 큰 칼을 들고 온다고 하셨는데! 이렇게 작고 귀여운 아가씨가 올 줄 누가 알았을까?"

"래빗! 네가 설치류의 전설을 모르는구나. 혼인을 할 때가 된 쥐가 온 세상을 다니면서 신랑감을 찾았는데, 세상에서 가장 힘이 센 신랑감은 바로 쥐였다는 얘기 말이야. 내가 쥐는 아니지만 사촌인 햄스터야. 햄스터를 우습게 보면 안 돼요!" 미미는 어깨를 으쓱하며 제자리에서 한 번 돌고는 기사처럼 팔을 쭉 뻗어 보였다.

"호호호! 잘 알아 모시겠습니다. 햄스터 기사님!" 래빗도 미미를 따라해 보았다. 그러다가 넘어져서 드레스가 뒤집어졌다. 드레스에 얼굴이 파묻히고 안에 있던 뿌리가 나오는 바람에 래빗의 모습은 잘 포장한 산삼처럼 되었다. 하도 우스꽝스러워서 미미는 웃음을 참을 수 없었다. 래빗도 따라 웃었다. 두 소녀의 폭소에 나뭇잎들도 뒹굴며 웃었다.

"래빗! 도대체 무슨 일이에요?" 소란스런 소리에 아래층에 있던 레드가 올라왔다. "래빗, 자고 있는 줄 알았는데 아니었어요?" 문을 열고 들어오던 레드는 미미를 발견하고는 얼굴을 찡그렸다. "뭐야, 이 작은 동물은? 햄스터잖아?" 레드는 미미를 주먹 속에 넣어 버렸다. "아니, 여길 어떻게 들어온 거야. 내가 얼마나 철통같이 지키고 있었는데." 거인 레드의 손아귀에 들어간 미미는 버둥거렸지만 소용이 없었다. "레드! 놓아 줘!" 래빗이 급히 소리쳤지만, 오히려 레드가 주먹을 꽉 쥐는 바람에 미미는 그만 기절해 버렸다.

미미가 정신을 차리고 눈을 떴을 때 보이는 건 래빗이 아니고 알프였다. 미미는 꿈을 꾸고 있나 하고 코를 긁어 보았다. 앞발에 긁힌 코가 따가웠다. '이건 꿈이 아닌가 보네, 그럼 래빗을 본 게 꿈이었을까?' 미미가 어리둥절 하는 사이 알프의 목소리가 들렸다.

"미미! 정신이 들어? 너를 또 잃어버리는 줄 알고 얼마나 울었는지 몰라!" 알프는 미미의 목을 껴안고 입을 맞췄다. 미미의 얼굴이 알프의 눈물로 축축해졌다. "요정님, 내가 왜 여기 있어요?" "미미, 너는 며칠 전 블루래빗을 쓰다듬고는 정신을 잃었단다. 여긴 요정의 궁전이야. 우리는 네가 깨어나지 않을까 봐 정말 걱정을 많이 했어. 됐어, 미미! 다시 우리 곁에 와줘서 정말 고마워!"

"사실은 요정님, 나 꿈을 꾼 거 같아요. 꿈속에서 블루래빗을 만났어요." "블루래빗? 정말이야? 그 고약한 것을? 그것을 혼내야 하는데 네가 아픈 바람에 아직 그냥 두고 있었네." 블루래빗이란 말을 듣자마자 알프의 목소리가 달라졌다. 당장이라도 시냇가로 달려갈 것 같았다. "요정님, 블루래빗에게 사연이 있는 거 같아요. 노랫소리와 회오리바람에 실려서 제가 래빗의 숲에 다녀왔거든요. 블루래빗을 도와야할 일이 있어요." 미미는 알프를 달랬다.

알프와 함께

이걸 타면 파샤에 갈 수 있어요.

"미미, 제 정신이야? 우린 백년의 동물인 너를 다시 잃을 뻔했어. 블루래빗에게 무슨 일이 있다고 해도 소중한 건 너야. 그 얘긴 꺼내지도 말고 다 잊어버려." 알프가 흥분했다. "요정님, 저는 식물을 위한 백년의 동물이에요. 제 이야기를 들어 보시면 이해하실 거예요." 미미는 파샤 숲에서 보고 들은 이야기를 알프와 리리에게 들려주었다. 래빗과 레드, 물푸레나무 이야기, 인목이 된 래빗, 아직 보지 못한 우탄의 이야기까지.

"그럼 우리 백년의 동물이 파샤 숲의 기사님?" 리리가 눈을 동그랗게 뜨고 물었다. 리리의 얼굴에는 약간의 장난기가 배어 나왔다. "그런데 말이야, 미미? 난 인어 이야기는 들었지만 인목 이야기는 처음이야. 래빗이 미니스커트를 입으면 모습이 어떨지 궁금해지네." 알프도 거들었다.

"저도 처음엔 래빗의 다리를 보고 정말 놀랐어요. 래빗의 아버지가 딸을 구하려고 필사적으로 애쓴 결과 인목이 되어 살아남았다고 해요. 아무튼 전 빨리 그곳으로 돌아가야 해요. 가서 래빗과 파샤 숲을 구해야 해요." "미미의 마음은 알겠는데 그 모든 건 꿈이야. 시간이 좀 지나면 잊혀 질 거야." 알프가 만류했다. "꿈이 아니라고 해도 그곳으로 돌아갈 방법이 없어." 리리의 생각도 그랬다.

두 요정은 미미가 하는 말을 다 믿을 수 없었고, 그것이 사실이라 해도 자신들이 지켜줄 수 없는 곳에서 미미가 위험해 지는 것을 두고 볼 수 없었다. "그래도 전 파샤 숲으로 돌아가야 해요. 블루래빗의 독에 정신을 잃은 것도 우연이 아닐 거예요." 미미가 단호하게 말했다.

미미가 기절하고 나서 래빗은 레드와 크게 싸웠다. 레드가 사과했지만 래빗의 화는 금방 풀리지 않았다. 래빗은 레드를 아래층으로 돌려보내고는 미미를 소중하게 자신의 잎들로 감쌌다. 미미의 손발은 얼음장처럼 차가웠다. 래빗은 미미가 깨어나기만 기다리며 돌아가신 아빠에게 기도했다. 래빗의 눈물이 다시 음표가 되었고 음표들이 노래했다.

"미미를 만난 것은 파샤 숲의 행운이라오. 미미는 우리 숲이 기다리던 작고 귀여운 기사님. 미미의 방문으로 파샤는 해방되고 미미의 힘으로 우리는 평화를 누리리. 파샤의 사랑으로 미미는 힘을 얻고 우리 모두는 행복하리. 우리 모두는 행복하리."

래빗의 절망감은 무수한 음표들을 만들어냈고 음표들은 바닥을 구르며 길고 긴 노래를 만들었다. 끝나지 않을 노래가 온 집을 휘감고 그 간절함이 벽을 넘어 미미가 있는 요정의 궁전에 다다랐다. 미미가 알프, 리리와 함께 이야기를 나누는 방 안으로 노랫소리가 서서히 스며들었다. 노래는 노크도 없이 방문을 열고 들어왔다.

"알프 요정님, 리리 요정님! 노랫소리예요. 내가 들었던 그 목소리!" 미미가 외쳤다. 신기하게도 알프는 이 노래를 들을 수 있었다. "미미, 나한테도 들려. 정말 가냘프고 예쁜 노랫소리야."

알프가 대답했다. 둘의 눈앞에 사닥다리가 펼쳐졌다. "바로 이 사닥다리예요. 이걸 타면 파샤에 갈 수 있어요."

"리리, 아몬드 숲을 부탁해. 파샤에서 나도 초청한 거 같아. 미미랑 같이 잘 다녀올 게." 알프는 미미의 손을 잡고 사닥다리를 올랐다. 나무로 만들어진 이 사닥다리는 살짝 흔들렸지만 미미와 알프를 반겼다. 그들은 서둘러 길을 떠났다. 리리는 이곳에 남아야 했다. "잘 다녀와, 미미! 알프!" 미미와 알프가 회오리바람을 타는 동안 미미는 숨이 막혀 기침을 했다.

우탄과 졸개들

얼른 내려가서 래빗을 끌어 내!

래빗은 미미의 기침소리를 들을 수 있었다. "미미, 미미! 정신 좀 차려봐!" 미미가 눈을 떴을 때 울고 있는 래빗이 보였다. "래빗, 염려하지 말아. 나 깨어났어. 그리고 누구랑 같이 왔어." "안녕? 래빗! 난 미미의 친구인 아몬드 숲의 요정 알프야." 래빗은 눈을 들어 알프를 바라보았다. 아빠한테 요정 이야기를 들었지만 이렇게 예쁜 요정이 눈앞에 나타날 줄은 몰랐다.

"너의 이야기를 미미한테 들었어. 미미가 잠깐 정신을 잃었던 것은 나랑 함께 돌아오기 위해서야. 그러니까 마음 놓아요, 래빗!" 알프가 래빗을 위로했다. "요정님, 이렇게 요정님을 만나서 좋아요!" "너의 노래에 실려서 여기 올 수 있었어, 래빗. 우리가 무엇을 도울지 함께 생각해 봐요."

"우리 조상이 대대로 살아가던 이 숲이 모두 베어져 사라지게 되었어요. 숲이 사라지면 나무에 사는 새와 곤충이 깃들 곳이 없어지고 나무의 친구인 동물도 살아갈 수 없게 된답니다. 저의 친척과 친구들이 마구 죽어가고 있어요. 요정님! 우리를 살려 주세요!" 래빗이 여기까지 말했을 때 집이 심하게 흔들렸다.

아래층에서 삐걱하는 큰 소리가 들리고 쿵쾅쿵쾅 계단을 올라오는 소리가 들려왔다. 문을 확 열어 젖히고 레드가 들어왔다. "큰일났어요, 래빗! 우탄과 졸개들이 집을 에워쌌어요. 지금 대문을 부수고 있어요. 빨리 피해야 해요!" 너무도 급한 레드의 눈에는 미미와 알프가 보이지 않았다. "자, 어서 피합시다!" 레드는 래빗을 안아 올렸다.

"레드, 여기 미미와 알프 요정님이야. 우리를 도우러 오셨어." 래빗이 다급하게 말했다. "요정님! 자, 어서 이리로 오세요. 우리는 숨어야 합니다." "나는 괜찮아요. 미미만 피신시켜 주세요." 레드는 래빗과 미미를 양 팔에 안고 아래층으로 내려갔다. 그곳에는 지하 은신처로 통하는 계단이 있었다. 레드는 미미와 래빗을 그곳에 숨겼다. 그 사이 대문을 부수는 소리는 더욱 거세어지고 쾅, 우지직하는 소리와 함께 우탄과 졸개들이 마당으로 들어섰다. "레드, 어디 있냐? 덩치만 큰 쫄보야! 숨지 말고 어서 래빗을 내놔!" 우탄이 나타났다.

우탄의 키는 레드만 하고 희고 뽀얀 피부를 가졌다. 미남형의 우탄은 길고 우아한 금발에 늘씬한 몸매의 소유자였다. "우탄, 너 정말 계속 이럴 작정이야? 숲을 지키는 너의 사명을 끝내 저버릴 거야? 래빗 아가씨는 여기 없어. 내가 다른 곳으로 보냈어." 우탄을 따라서 열 명 남짓한 졸개들이 집 안으로 들어와 있었다.

그들도 우탄과 비슷한 외모를 가졌는데, 단지 머리칼이 좀 짧을 뿐이었다. "레드, 내가 그 말을 믿을 거 같아? 얘들아! 집안을 샅샅이 뒤져!" 우탄의 명령에 졸개들은 아래층과 이층으로 흩어져 구석구석 뒤지기 시작했다.

한 졸개가 미미와 래빗의 은신처인 마룻바닥을 쿵쿵대기 시작했다.

"두목님, 여기가 좀 이상한데요, 밑에서 무슨 냄새가 나요. 동물 냄새 같아요." 유난히 후각이 발달한 졸개가 말했다. 민감한 코로 미미의 냄새를 맡은 듯했다.

"그래? 그 바닥을 뚫어 봐!" 우탄이 명령했다. 안에 있던 미미와 래빗은 구석에 숨었다. 둘은 숨을 죽이고 꼭 끌어안은 채 떨고 있었다. 졸개 몇이 바닥을 뚫었다. "너희들, 지금 무슨 짓이야? 감히 내 집을 부수다니!"

레드가 저항했지만 졸개의 수가 많아서 어찌할 수 없었다.

얼마 되지 않아 바닥이 뚫리고 밑으로 내려가는 계단이 보였다. "그럼 그렇지, 내 이럴 줄 알았다니까!" 우탄이 음흉한 미소를 지었다. "이제 래빗은 내 손아귀에 들어왔군. 얘들아, 얼른 내려가서 래빗을 끌어 내!" 졸개 중에 몸집이 작은 놈이 계단을 타고 내려갔다. 안은 아주 어두웠다.

숲의 수문장

저희는 옛적부터 내려오는 거인의 혈통이지요.

몸집이 작은 졸개가 밑으로 내려갔을 때 미미와 래빗은 계단 뒤에 숨어 있었다. 안은 아주 어두워서 아무것도 보이지 않았다. 놈은 둘을 찾아다니다가 계단에 머리를 박았다. "우탄님, 여기는 아무것도 없어요." 놈이 소리쳤다. "이 바보야, 살살이 뒤져!" 우탄의 꾸짖는 소리가 들렸다. 그러자 냄새를 잘 맡는 졸개가 나섰다. "제가 내려가 보겠습니다."

하지만 놈은 덩치가 좀 컸다. 그래서 내려가다가 몸이 계단에 끼어 버렸다. 하지만 냄새에 민감한 놈은 몸이 끼인 채로도 계속 킁킁거렸다. "아, 계단 뒤쪽! 거기를 찾아 봐." 몸이 작은 졸개가 그 말을 듣고 계단 뒤쪽으로 갔다. 미미와 래빗은 얼른 뛰쳐나와 계단 앞쪽으로 도망쳤다. 그들은 졸개와 숨바꼭질을 하듯 뱅뱅 돌며 쫓고 쫓기기를 반복했다. 계단에 낀 놈이 냄새를 맡으며 계속 방향을 알려주었다. 도망치다가 지친 미미와 래빗은 결국 졸개의 손아귀에 잡히고 말았다.

"우탄님, 잡았습니다! 그런데 하나가 아니고 둘이에요!" "이 바보야, 너 래빗을 잡은 게 맞아?" 우탄이 소리쳤다. 작은 졸개는 계단을 막고 있는 덩치 큰 졸개 때문에 위로 올라갈 수는 없었다. 결국 몸이 끼인 졸개에게 둘을 넘겼다. 미미와 래빗이 계단에 있는 졸개의 손에 넘어갔을 때였다. 갑자기 빛이 번쩍이더니 우탄의 졸개가 쓰러졌다.

"무슨 일이냐?" 놀란 우탄이 소리쳤지만 다시금 번쩍이는 빛을 맞고 우탄도 정신을 잃었다. 우탄의 졸개들이 연달아 빛을 맞고 쓰러졌다. 잠시 후 알프 요정이 모습을 드러냈다. "미미, 래빗, 많이 놀랐지? 내가 다 해치웠으니 이제 마음 놓아요." 레드가 쓰러진 우탄과 졸개들을 밧줄로 묶어 놓았다. 우탄과 졸개들은 묶인 채 거실 한 구석에 놓여졌다.

"요정님, 정말 감사합니다. 래빗 아가씨를 구해주셔서요." 레드가 진심으로 인사했다. 미미와 래빗도 가슴을 쓸어내렸다. "내가 요정이긴 하지만 아무 때나 마법을 쓸 순 없어요. 이번엔 미미가 위험했기 때문에 할 수 있었어요. 미미는 우리에게 아주 특별한 존재 거든요. 미미를 지켜야 할 책임이 우리 요정에게 있답니다. 그건 그렇고, 아까 래빗에게 이야기를 듣다 끊겼는데 도대체 무슨 사연이 있는 거예요?"

"제가 말씀드릴게요, 요정님." 레드가 말을 이었다. "저와 우탄은 숲을 지키는 수문장으로 임명받았습니다. 저희는 옛적부터 내려오는 거인의 혈통이지요. 그런데 인간들이 숲으로 들어오고 나무를 마구 베어갔습니다. 우리는 힘을 합쳐 인간의 나쁜 짓을 막아내고 있었습니다. 수문장인 우리의 존재가 귀찮아진 인간들은 우탄을 꾀었습니다. 인간이 우탄을 여러 가지 조건으로 유혹한 것 같아요. 꾐에 넘어간 우탄은 갑자기 쳐들어와서 우리를 해쳤습니다. 저의 부하들은 영문도 모른 채 모두 죽었고 저만 살아남았습니다." 여기까지 말하고 레드는 붉고 큰 손으로 눈물을 훔쳤다.

"여기 래빗 아가씨는 파샤 숲의 마지막 희망입니다. 아가씨가 살아 있는 한 인간이 숲을 완전히 파괴할 수는 없지요. 저도 그 이유는 자세히 모릅니다만, 래빗 아가씨는 고귀한 물푸레나무 혈통의 유일한 생존자이고 숲을 구할 수 있는 비밀을 간직하고 있습니다. 이것이 우탄과 졸개들이 인간의 명령을 받고 아가씨를 잡으려는 이유입니다."

"그런 사연이 있군요, 그래서 아버지가 래빗을 인간의 모습으로 변신시켰고 레드가 혼자 남아 래빗을 지키는 거군요." 알프가 고개를 끄덕였다.

은잔의 비밀

아빠의 뿌리에서 은잔을 찾아냈어.

"래빗, 그렇담 숲을 지키는 그 열쇠가 뭐야?" 궁금해진 미미가 얼른 래빗에게 물었다. 래빗은 가만히 손을 모았다. 래빗이 신중하게 무언가를 생각할 때 나오는 무의식적인 행동이었다. 래빗은 두 눈을 감았다. 마치 꿈속으로 들어가듯이 래빗은 한동안 아무 말도 하지 않았다. 모두 래빗을 지켜만 보고 있었다. 잠시 후 래빗이 대답했다.

"아빠가 나를 사람나무로 만들어 주신 다음에 아빠의 발치에 묻힌 은잔을 찾도록 하셨어. 손이 생긴 나는 아빠의 뿌리 근방에서 은잔을 찾아냈어. 미미, 바로 네가 여기 왔을 때 나타난 은잔

말이야, 기억하지?" "응. 내가 오고 은잔이 다시 나타나서 아주 좋아했잖아!" 미미가 대답했어.

"맞아. 아빠는 나에게 은잔에 대해서 말씀하셨어. '래빗, 너는 상반신이 사람이 되어 팔과 손을 가졌으니 이 은잔을 잘 간수할 수 있단다. 이 잔에는 파샤를 구할 비밀이 담겨 있어.' '그게 뭐예요, 아빠? 알려주세요.' 나는 아빠를 재촉했어. '사랑하는 내 딸 래빗, 이 잔을 잘 간직해야 한단다. 아빠는 네가 해낼 수….' 여기까지 말씀했을 때 갑자기 아빠의 허리가 잘렸어. 우리가 이야기를 나누는 사이 도끼가 아빠의 허리를 찍어 버렸어. 푸른 피를 철철 흘리면서 아빠는 돌아가셨지. 나는 더 이상 아빠와 이야기할 수 없었어."

래빗의 얼굴이 일그러지더니 작은 두 손에 파묻혔다. 눈물이 방울방울 떨어지다가 폭포처럼 흘렀다. 셀 수 없이 많은 래빗의 눈물은 바닥을 적시면서 교향곡이 되었다.

"누가 파샤를 구할까, 누가 파샤를 구할까? 아빠가 못 다 하신 말씀은 무얼까? 은잔이 할 수 있을까? 그런데 어떻게? 그런데 어떻게? 미미는 그 방법을 알까? 알프 요정이 도울 수 있을까?"

음표들의 연주는 래빗이 진정할 때까지 계속되었다. 미미와 알프는 멍하니 있었다. 래빗의 아빠인 물푸레나무의 처참한 죽음과 은잔의 비밀, 우탄의 배신과 레드의 충성, 가녀린 래빗의 막중한 임무…. 이 모든 것이 뒤엉켜서 아무 생각도 할 수 없었

다. 음표들의 가락은 메아리가 되어 아몬드 숲 요정의 궁정으로 흘러 들어갔다.

 아몬드 숲 요정의 궁정에는 빅이 와 있었다. 한동안 소식이 없는 미미가 궁금해진 빅이 떡갈나무 요정 리리와 이야기를 나누고 있었다. 요정들은 원래 동물에게 모습을 보여주지 않지만, 빅은 지난 번 떡갈나무 사건을 해결한 공로를 인정받아 요정과 이야기할 수 있는 특권을 받았다.

"그러니까 빅, 미미가 새로운 임무를 맡은 거야. 나도 함께 가고 싶었는데 알프만 미미와 파샤로 떠났단다. 그들에게만 노랫소리가 들리니까 나는 갈 수 없었어. 노래에 실려야 파사에 갈 수 있거든." "제가 일개미를 하면서 많은 곳을 다니고 별별 이야기를 들었지만 노래를 타고 어딘가로 갔다는 건 처음이에요, 정말 신기한 일이군요. 지금 미미와 알프 요정님은 무얼 하고 있을까요?"

그때 빅의 귀에는 래빗의 음표들이 연주하는 노래가 들려왔다. 가사를 잘 알 수는 없지만 은은하고 애절한 소리는 빅의 마음을 두드리고 있었다. "가만! 이게 무슨 소리예요? 리리 요정님, 무슨 소리 안 들려요?" "소리라니? 빅! 무슨 소리가 들린다고 그래?" "노랫소리 말이에요. 속삭이듯 들려오는 노랫소리요."

"맙소사! 빅! 파샤에서 전해오는 그 노랫소리는 아니겠지? 설마….” 리리가 고개를 갸우뚱 하는 사이 빅의 눈앞에는 사닥다리가 보였다. "리리 요정님, 미미가 나를 부르는 것 같아요. 가서 미미를 돕고 올게요!" 빅은 회오리를 타고 어느새 미미의 곁에 도착했다.

평화를 되찾은 파샤

빅, 파샤에 오다

이 잔은 어떤 식물이랑 많이 닮았는 걸?

래빗이 울음을 멈추었을 때 미미는 손등이 간질거리는 것을 느꼈다. 내려다보니 빅이 큰 눈망울을 굴리고 있었다. 미미가 놀라서 움찔하는 바람에 빅은 바닥으로 떨어질 뻔했다. "빅! 이게 어떻게 된 일이야? 네가 왜 여기 있는 거야?" "내가 회오리바람께 특별한 청을 넣었지. 미미한테 보내달라고 말이야." 빅이 장난스럽게 말했다.

"래빗의 노랫소리가 너를 부른 게로구나." 알프 요정이 대신 대답했다. "아무튼 잘 왔어, 빅. 네가 있으니 아주 맘이 든든해." 미미가 환영했다. 미미는 래빗에게 빅을 소개했다. "래빗, 이 개미는 내 친구고 이름은 빅이라고 해." "빅이라구? 호호. 개미의 이름으론 아주 멋진 걸? 여기 와 줘서 고마워."

"빅은 아주 '큰' 개미야. 아몬드 숲에서 죽어가는 사슴들을 구해주었단다." 미미가 자랑했다. 래빗은 손으로 브이자를 그려 보이며 빅에게 인사했다. 빅은 레드와도 인사를 나누었다. "파샤의 이야기는 리리 요정님한테 들었어. 내가 도움이 되어야 할 텐데. 그런데 여기 묶여 있는 이 잘 생긴 거인들은 누구야?" 빅이 물었다.

"이놈들은 나와 함께 숲의 수문장으로 임명된 놈들이야, 빅. 우탄이란 놈과 그 졸개들이야. 우리를 괴롭히다가 알프 요정님께 된통 당했지." 레드가 대답했다. "아, 그 골칫덩어리 우탄과 졸개들이 일망타진 되었구나? 생긴 건 멀쩡한 것들이 하는 짓이란 게…. 쯧쯧. 그런데 왜 이놈들이 래빗을 괴롭힌 거야?" 빅이 물었다.

"빅, 그건 은잔 때문이야. 네가 오기 전에 우리는 래빗의 이야기를 듣고 있었어. 래빗의 아버지가 남긴 은잔에 숲을 지키는 비밀이 있다는 거야." 미미가 빅에게 설명했다. "래빗, 그 은잔을

볼 수 있어?" 빅의 말에 래빗은 얼른 은잔을 가지고 왔다. "이거야, 빅. 아빠가 은잔을 주셔서 잘 보관하고 있었는데 언제부터인가 보이지 않다가 미미가 나를 찾아온 날 다시 나타났어." 래빗이 미소를 지으며 말했다. "가만있자, 이 잔은 어떤 식물이랑 많이 닮았는 걸?" 빅이 고개를 갸우뚱했다. "식물이라니 어떤?" 래빗이 물었다.

"아주 가끔 피는 꽃인데 굉장히 크고 냄새도 특이해. 하지만 만나 보기가 쉽지 않아." 빅이 대답했다. "냄새가 특이하다고? 혹시 빅, 프레가 좋아하는 냄새 아니야?" 알프 요정이 끼어들었다. "요정님도 이 꽃을 아시는군요. 그래요, 사방의 프레들을 다 끌어들이는 꽃이지요." 빅이 대답했다.

"프레라구? 난 프레는 딱 질색이야." 레드가 얼굴을 잔뜩 찡그렸다. "숲의 수문장들이 제일 싫어하는 곤충이 프레야. 놈들이 윙윙 거리면 도무지 정신을 차릴 수가 없거든. 게다가 떼로 몰려 들어 몸에 달려들면 쫓아내기도 힘들고." "예전에 레드의 온 몸이 프레로 덮인 걸 본 적이 있어. 얼마나 우스웠는지!" 래빗이 깔깔대며 말했다.

"래빗, 이 잔이 어디 있었다고 했지?" 빅의 물음에 래빗이 대답했다. "아빠의 뿌리가 있는 곳에서 이 잔을 캐냈어." "무슨 사연인지 알 것 같아. 래빗의 아버지가 베어지면 이 식물도 피해를 입게 되었을 거야. 그래서 아버지는 딸을 인목으로 변신시켜 이 식물을 딸에게 맡긴 거야." 알프 요정이 고개를 끄덕였다.

"그렇담 은잔의 비밀은 어느 정도 밝혀진 거군요. 이제 어떻게 해야 파샤를 구할 수 있지요?" 레드가 진지하게 물었다. "이 잔은 원래 식물이었으니 다시 땅에 심어줘야 하지 않을까요?" 미미가 말했다. "그게 래빗의 아버지가 원하셨던 것 같은데? 잠시 은잔의 모습을 하고 있지만 식물로 돌아가게 해주면 이 잔이 파샤를 구해줄지도 몰라." 알프 요정이 동의했다.

딱따구리 마이갓

날렵한 몸매에 조화가 잘된 색상으로 품위 있었다.

그들은 동이 트기를 기다려 집을 나섰다. 숲의 중앙 높은 곳에 잔을 심기 위해서였다. 우탄과 졸개들은 알프 요정이 뿌려놓은 약에 취해서 깊이 잠들어 있었다. 레드가 커다란 삽을 들고 앞장섰고 래빗과 미미, 알프 요정, 빅이 따라나섰다. 밖으로 나오니 숲은 막 깨어나고 있었다. 아침햇살을 받으러 일어난 풀들과 키 작은 나무들이 기지개를 켜고 있었다.

"안녕, 미미! 여기서 만나다니 정말 반가워!" 클로버였다. "이제 막 해가 뜨는데 벌써 일어났어? 부지런하구나!" 미미가 인사했다. "우리는 아침 해가 만찬이야, 뷔페이고. 아침에 뜨는 햇살을 먹어야 쑥쑥 자랄 수 있단다. 건강에도 좋고." 클로버가 대답했다. "그럼! 잘 자라고 건강해야지. 이따 또 만나!" 미미가 인사하고 길을 재촉했다.

숲속으로 조금씩 걸어 들어가다 보니 파샤의 상황이 심각한 것을 알 수 있었다. 여기저기 베어진 나무의 밑둥이 보였고, 아주 어린 나무만 빼고 어느 정도 자란 나무는 남아 있지 않았다. 큰 나무에 기대어 살던 동물들도 거의 다 떠나가고 숲은 황무지가 되어가고 있었다. 아직 어린 교목과 키 작은 관목들, 그리고 풀들만 파샤를 지키고 있었다. 미미와 빅, 알프 요정은 이미 아몬드 숲에서도 인간의 문제점을 똑똑히 보았었다. 인간의 욕심으로 죽어가는 사슴과 그 틈바구니에서 시달리는 나무의 사연을.

그런데 파샤 숲은 그 정도가 아니었다. 엄마를 잃고 울고 있는 어린 나무들의 슬픔이 마음으로 전해왔다. 래빗 또한 아빠와 형제를 잃은 나무였다. 래빗의 간절함이 아몬드 숲의 블루래빗에게 전해졌고 미미와 친구들을 이곳으로 부른 것이다. 이른 새벽이라 아직 인간이 숲에 오지는 않았다. 인간이 오기 전에 얼른 은잔을 숲에 심어야 했다. 그들은 침통한 마음으로 묵묵히 길을 재촉했다.

헐벗은 숲을 지나는데 어디선가 '따다닥 따다닥' 하는 소리가 들렸다. 소리 나는 곳을 보니 긴 부리를 가진 딱따구리가 커다란 죽은 나무에서 내는 소리였다. 딱따구리는 래빗을 알아보았다. "래빗, 어디 가는 길이야? 그렇게 돌아다녀도 돼?"

"마이갓, 잘 지내고 있어? 나 괜찮아. 친구들이 도와주러 왔어." "안녕, 마이갓! 나 미미야. 너 정말 멋지다!" 딱따구리 마이갓은 윤이 나는 흰색과 검은색의 날개에 하얀 부리, 그리고 붉은 볏을 지니고 있었다. 날렵한 몸매에 조화가 잘된 색상으로 아주 품위 있었다. "래빗의 친구구나, 귀엽네!" 마이갓이 씨익 웃었다. "너 이름 참 좋다, 마이갓!" 미미가 칭찬했다.

"내 이름? 이건 별명이지. 인간들이 붙여준 별명이야." 마이갓이 대답했다. "마이갓이 날개를 쫙 펴면 1미터나 된단다. 힘차게 날다가 순식간에 나무에 내려앉는 모습을 본 인간들이 '오, 마이 갓!' 하고 탄성을 질렀는데 그게 별명이 되었어." 래빗이 설명해 주었다.

"정말이야? 마이갓, 나한테 나는 모습을 보여줄 수 있어? 보고 싶어." "뭘, 쑥스럽게! 하지만 래빗의 친구니까 한 번 보여주지." 마이갓은 검은색과 흰색의 날렵하고 큰 날개를 펄럭이며 나무에서 날아 올랐다. 높이 올랐다가 순식간에 수직으로 휘익 하고 내려와서 낮은 나뭇가지에 앉았다.

미미의 입에서 탄성이 터졌다. "오, 마이 갓!" 그 바람에 모두 웃음을 터뜨렸다. "마이갓은 전설이야, 인간들이 그런 이름을 붙인 걸 알겠어." 빅이 덧붙였다. "뭘, 이 정도 가지고." 마이갓이 쑥스럽게 말했다.

땅으로 돌아간 은잔

대지의 신이 하늘에 신호를 보냈다.

"그런데 어디 가는 길이야, 래빗?" 마이갓이 물었다. "숲의 중앙에 가서 할 일이 있어." 래빗이 대답했다. "나, 금방 파샤를 떠날 것 같아." 마이갓이 침울하게 말했다. "마이갓, 조금만 버텨 줘. 나를 도우러 온 친구들과 힘을 합해 파샤를 구할 수 있어. 인간을 몰아내고 나면 우리 숲은 다시 활기가 넘칠 거야." 래빗이 애원했다.

"래빗, 나도 그러고 싶지만 이미 많은 친척들이 파샤를 떠났어. 인간이 나무만 베는 게 아니야. 우리도 눈에 띄면 사정없이 죽이지. 우리의 멋진 깃털을 모자 장식으로 쓰거든. 인간은 새를 잡아서 몸통째 모자 위에 얹기도 해. 겨우 인간의 눈을 피해 살아남는다고 해도 나무가 사라진 이 숲에는 먹을 것도 사라져가고 있어." "마이갓, 그래도 조금만 더 있어줘. 원래 너희 종족은 강인하고 용감하잖아. 아빠한테 이야기를 많이 들었어. 너의 조상은 인간에게 잡혀서도 결코 무릎을 꿇지 않았다고."

"그건 맞아, 나의 할아버지는 인간에게 사로잡히셨지만 장엄하게 돌아가셨지. 인간이 주는 먹이를 먹지 않았고 인간의 집을 탈출하려고 시멘트벽을 뚫기도 하셨어. 그들에게 복종하지 않으려고 며칠을 굶다가 돌아가셨다고 해. 그 집에 살던 쥐가 들려주었어."

"마이갓, 너의 모습을 보는 것만으로도 나는 힘이 생겨. 파샤를 지키는 새로 남아 있어 줘." 래빗이 다시금 부탁했다. "래빗, 나도 네 모습을 보면 힘이 난단다. 지금 우리 모두는 너에게 희망을 걸고 있어. 너는 이 숲의 공주님이잖아?" 마이갓이 부드럽게 대답했다. "마이갓, 그럼 있어주는 거지? 여기 남아서 래빗을 응원해 줘!" 미미가 말했다.

미미와 일행은 마이갓과 작별하고 길을 재촉했다. 그 사이 해가 많이 떠올라 숲이 밝아졌다. "여기야, 이쪽으로!" 레드가 일행을 인도했다. 그들은 숲의 중앙 평평한 곳에 멈추었다. "래빗, 여기가 좋을 것 같아요." 레드가 말했다. 그곳은 키 작은 풀만 자라고 나무가 없는 곳이었다. 숲에서 가장 높은 곳이기도 했다. 미미가 주위를 둘러보았다. 전망이 탁 트여서 다른 숲도 보였다. 레드가 삽으로 땅을 팠다. 좀 깊이 땅을 파고는 조심스럽게 은잔을 묻었다.

다들 힘을 합해 은잔을 흙으로 덮고는 둥그렇게 모였다. 알프 요정이 대지의 신에게 올리는 기도를 했다. "대지의 여신이여! 당신의 품에 은잔을 심었습니다. 이 잔은 이 곳 파샤 숲의 물푸레나무 족장이 끝까지 지켜낸 비밀의 식물입니다. 이곳은 인간의 욕심과 만행으로 파헤쳐지고 베어졌습니다. 물푸레나무 족장은 숲을 지키고자 자신의 하나 남은 딸을 인간의 모습으로 변신시켰습니다. 인간의 팔과 손을 가진 래빗이 당신의 품에서 이 잔을 꺼내어 안전하게 지키고 있었습니다. 이제 이 식물을 당신께 맡깁니다. 대지의 여신이여, 이 잔에 생명을 넣어 키워주시고 파샤를 살려주십시오!"

알프 요정의 맑은 음성에 모두는 함께 간절한 마음을 담았다. 알프의 기도가 끝나기 무섭게 하늘에서 번쩍하는 빛이 은잔이 묻힌 땅으로 꽂혔다. 다들 놀랐다. "알프 요정님, 대지의 신이 하늘에 신호를 보냈어요. 우리의 기도를 들으신 게 맞지요?" 래빗이 미소 지으며 말했다.

갑자기 비가 내리기 시작했다. 너무 세지도 너무 약하지도 않게. 주위의 풀들이 비를 맞으며 작은 몸을 흔들며 춤을 추었다. "미미, 이렇게 기분 좋은 아침은 오랜만이야!" 발 밑의 클로버가 미미에게 방긋 웃어 주었다. 미미는 클로버를 살포시 쓰다듬어 주었다.

인간의 만행

네 놈은 언제쯤 정신을 차릴 거냐?

"클로버야, 우린 여기에 아주 중요한 식물을 심었어. 파샤를 구해줄 임무를 가진 식물이야. 하지만 인간 때문에 자주 와서 볼 수가 없어. 이 아이가 어떻게 자라는지 나한테 소식 전해줄 수 있지?" 미미가 클로버에게 부탁했다. "물론이지, 미미! 우리가 하는 일이 그 일이 아니겠어? 바로바로 알려줄게." 클로버가 방긋 웃으며 대답했다.

미미와 알프 요정, 빅과 래빗, 그리고 레드는 뿌듯한 마음으로 집으로 향했다. 환하게 떠오른 해는 숲의 구석구석을 비추고 있었다. 집으로 돌아오니 우탄과 졸개들이 하나둘씩 깨어나고 있었다. 레드는 졸개들을 하나씩 단단히 묶어 골방에 가두어 두었었다. 레드가 깨어난 우탄에게 말을 걸었다.

"우탄, 네 놈은 언제쯤 정신을 차릴 거냐? 네가 인간의 꾐에 넘어갔는지 모르지만 인간은 그렇게 만만한 것들이 아니야."
"레드, 너 우리한테 무슨 짓을 한 거냐? 갑자기 초능력자가 된 거야? 뭔가 번쩍한 건 기억나는데?" 우탄이 레드에게 물었다.
"그건 네 놈이 알 바가 아니지. 도대체 네 놈이 인간에게 약속받은 게 뭐냐? 너는 숲이 사라져도 살아남을 거 같아?" 레드가 우탄에게 되물었다. "레드, 이 줄 좀 풀어주고 얘기하면 안 될까? 온몸이 쑤시네. 너와 나의 오랜 우정을 생각해서라도 이것 좀 풀고 얘기하자." "우정? 웃기네. 넌 숲을 배신한 놈이야. 마이갓이 살고 있는 곳을 인간에게 일러바친 것도 너지? 마이갓 가족을 인간에게 넘기고 목숨 값으로 받은 게 뭐냐?"
"무슨 소리야? 마이갓은 하도 시끄러워서 인간의 눈에 띄게 되어 있어. 내가 왜 마이갓을 인간에게 팔아넘긴다고 하냐?" "몇 남지 않은 마이갓도 이제 여길 떠나려고 하더라. 네 놈은 인간에게 이용이나 당하고 버려질 거야. 숲이 사라지고 나면 네 놈이 인간에게 더 이상 쓸모가 있을 것 같으냐? 네 놈이 저지른 짓을 생각하면 지금 당장 없애버리고 싶다만….”

“레드, 이렇게 나를 그냥 말려 죽일 셈이야? 네가 어떻게 초능력자가 된지는 모르겠지만 아무튼 좀 살려주라, 예전의 우리 우정을 생각해서 말이야.” 우탄이 애원했다. “우정? 네 놈이 쓰레기처럼 갖다버린 우정인지 뭔지 하는 그런 거 말이냐? 그게 뭔지 모르겠다만 너한테 반성할 기회는 주지.”

“살려주면 이제 무조건 네 말 듣고 잘할게. 사실은 인간이 자기들한테 협조하면 우리를 도시로 데려가서 잘 살게 해준다고 했어. 멋진 집과 차를 주고 예쁜 여자를 아내로 준다고도 했어. 엄청난 돈은 물론이고.” “그래서? 넌 그 말이 믿어지냐? 인간이 너 같은 괴물한테 그런 걸 제공하겠니? 이상하게 생긴 종족이라고 자연사박물관에 전시하면 그게 아마 최고의 대우일 걸? 멍청한 놈 같으니라고!” “자연사박물관? 그게 뭔데?” 우탄이 물었다.

“이 멍청한 괴물아! 우리랑 오랫동안 함께 지냈던 린링족 알지? 그들은 같은 인간인데도 침략자에게 집과 숲과 모든 걸 빼

앗겼어. 대부분 노루처럼 몰아서 총으로 쏘아 죽이고 몇 남은 린링은 신기한 종족이라고 자연사박물관에 가두었지. 인간이 인간에게 하는 짓도 그런데 너 같은 괴물을 대접해 주겠니? 죽이든지 놀잇감으로 쓰든지 하겠지." "그게 정말이야, 레드? 인간이 인간에게 그런 짓을 했다구? 설마…." 우탄이 눈을 동그랗게 뜨고 말했다.

"린링들은 함께 지낼만한 인간들이었지. 그들은 숲을 사랑하고 모든 생명을 가족으로 여기고 심지어 신성시했어. 그토록 선하고 맑은 영혼을 나쁜 놈들이 도륙했어. 난 이 얘기를 물푸레나무 족장님께 들었지. 우탄, 너 정신차리는 게 좋을 거야." 레드가 분명하게 말했다.

클로버의 방문

나의 은잔이 싹을 내었대요.

 오후가 되자 클로버에게서 연락이 왔다. 래빗의 작은 창을 통해서 클로버 잎이 살포시 방으로 들어왔다. 래빗과 앉아서 차를 마시고 있던 미미가 클로버를 알아보았다. "미미, 안녕! 그 사이 그 아이가 싹을 내었어. 여리고 파릇한 싹이 돋아났어. 너한테 빨리 알려주려고 바람을 타고 날아왔어." "정말? 심자마자 싹을 내다니! 역시 보통 아이가 아니구나." 미미가 감탄했다. "우리도 놀랐어. 네가 특별한 식물이라고 말은 했지만 이렇게 금방 자랄 줄은 몰랐어. 새로 난 잎도 아주 단단하고 튼튼해." 클로버도 좋아서 어쩔 줄을 몰랐다. "아빠가 주신 은잔이 정말 식물이었다니! 미미, 너와 친구들이 파샤를 도우러 온 게 분명해!" 래빗은 흥분해서 얼굴이 빨개졌다.

래빗은 아래층으로 내려가서 레드에게 달려갔다. "내 말 들어 봐요, 레드!" 레드는 알프 요정과 아몬드 숲 이야기를 나누고 있었다. 미미가 백년의 동물이 된 사연을 듣고 있던 중이었다. "래빗, 무슨 일인데 그래요?" 숨차게 달려 내려온 래빗에게 레드가 물었다.

"레드, 글쎄, 아빠가 주신 은잔이, 은잔이, 은잔이…." 래빗은 너무 흥분해서 말을 잇지 못했다. "래빗, 조금만 진정해요, 천천히 말해도 되어요." 알프 요정이 래빗에게 물을 한 잔 권했다. "요정님, 나의 은잔이 싹을 내었대요. 방금 클로버가 와서 전해 줬어요, 아주 단단하고 예쁜 싹을 키웠대요!"

"브라보!" 알프 요정과 레드는 환호성을 질렀다. "지금 당장 가 보고 싶은데?" 레드가 자리를 박차고 일어섰다. "레드, 조금만 기다려요. 지금은 인간이 숲에 들어와서 난리를 치는 시간이라 위험해요." 래빗이 만류했다. "그렇군요, 우리 조금만 기다렸다가 은잔이 있는 곳에 함께 가보기로 합시다." 알프 요정이 말했다.

파샤 숲의 가장 높은 곳, 중앙에서는 은잔이 올린 싹이 쑥쑥 자라고 있었다. 은잔은 심자마자 하늘의 섬광을 먹었다. 알프 요정이 기도했을 때 번쩍했던 바로 그 빛이었다. 하늘은 은잔에게 빛과 함께 신비한 물을 부어주었다. 은잔은 땅 속에서 우주의 힘을 하나 가득 받아 안고 힘차게 싹을 올렸다.

싹은 아침 햇살을 먹고 땅 위로 올라왔고 익숙한 파샤 숲의 공기를 즐겼다. 주변의 클로버들이 새싹에게 인사했다. "안녕! 처음 보는 아이네! 우리 식구가 되어서 반가워." 새싹이 대답했다. "나도 반가워. 너희들은 기억하지 못하겠지만 나는 얼마 전에 이 숲의 작은 나무였단다." "정말? 그런데 왜 도로 은잔, 아니, 뿌리가 된 거야?" 클로버가 물었다. "나는 좀 특이하게 살아. 작은 싹이 나서 한동안 자라고 아담한 교목이 되지. 교목일 때 나는 많은 잎을 가지고 있어. 그 잎으로 햇빛을 잔뜩 먹고 양분을 만들어. 만든 양분은 알뿌리로 모두 저장해 둔단다." 새싹이 설명했다. "그거야 모든 식물이 그렇게 살지 뭐." 클로버가 시큰둥하게 대답했다. 뭔가 재밌는 얘기를 들을 줄 알았는데 그게 아니었다.

새싹이 쿡쿡 웃었다. "네가 그렇게 말하는 것도 무리가 아니지. 그런데 내 얘기를 끝까지 들으면 알게 될 거야. 내가 좀 별난 식물이란 걸 말이야. 오랫동안 뿌리에다 양분을 모두 모으고 나면 땅 위로 나온 줄기와 가지와 잎은 어느 날 한순간에 죽어버려. 자취도 없어지지." "그럼, 땅 속 알뿌리만 남는 거야?" 클로버가 물었다.

　"맞아. 그렇게 나는 뿌리였다가 나무였다가 다시 뿌리로 돌아가. 뿌리가 되었을 때 물푸레나무 족장이 나를 보호하려고 은잔으로 변신시키고 래빗에게 나를 잘 맡긴거야." "오! 멋진데!" 클로버가 감탄했다.

새싹 타이탄

와! 네가 바로 그 은잔?

"그럼 너의 큰 알뿌리가 다시 싹을 내었구나?" 클로버가 물었다. "맞아, 이제 무슨 말인지 이해했네." 새싹이 대답했다. "그럼 두 번째 생을 시작하는 거네. 이번에는 뭘 할 건데?" 클로버가 다시 물었다. "그걸 미리 말해주면 재미없지. 내가 어떻게 되고 무엇을 할지 곧 보게 될 거야." 클로버의 물음에 새싹이 빙그레 웃었다.

어두워지고 인간들이 집으로 돌아가자 미미와 래빗과 빅, 알프 요정과 레드는 새싹을 보러 집을 나섰다. 그 사이 숲은 더 황폐해졌고 잘려 나간 나무의 밑동도 늘어났다. 나무에 의지해 사는 동물들도 눈에 띄게 줄었다. 살기 힘들어지니 다른 곳으로 속속 떠나고 있었다.

"여기야, 다 왔어." 래빗이 말했다. "가만있자…, 여기쯤에 은잔을 심었는데!" 레드가 찬찬히 살펴보았다. "여기 있네! 여기 작은 싹이 나왔어!" 빅이 소리쳤다. 빅이 가리키는 곳을 바라 보니 달빛을 받은 새싹이 산들바람에 인사하듯 나풀거리고 있었다.

"아, 너 미미구나? 우리들의 백년의 동물, 미미 맞지?" 새싹이 미미를 반갑게 맞았다. "와! 네가 바로 그 은잔? 정말 귀엽고 튼튼한 싹을 냈구나. 지난번 이곳에 처음 왔을 때 너를 넘어뜨려서 미안해. 이 말은 꼭 하고 싶었어." "무슨 무슨…. 네가 날 넘어뜨린 게 아니고 내가 네 앞에 나타났던 거야. 나는 너를 오랫동안 기다려왔어. 그런데 드디어 네가 온 거야. 나는 너무나 반가웠거든. 그래서 있는 힘을 다해 네게 달려갔어." 새싹이 한들거리며 말했다.

"래빗, 그동안 힘들었지? 이제 걱정하지 않아도 돼. 족장님이 내게 맡기신 일을 할 때가 되었어." 새싹이 래빗에게도 말을 걸었다. "네가 세상에 나와서 얼마나 좋은지 몰라. 아버지가 나를 사람나무로 변신시킨 걸 많이 원망했어. 지구상에서 가장 문제아인 사람의 모습을 한다는 건 치욕이었거든. 하지만 그렇게라도 너를 지키려고 하신 마음을 알 것 같아."

래빗이 가만히 새싹에 손을 대 보았다. 새싹의 강인한 생명력이 느껴졌다. "내 친구 빅이 물어보는데 우리가 너를 어떻게 불러야하는지, 이름을 알려달라네." 미미의 말에 새싹이 대답했다. "아, 빅! 빅이구나. 내가 은잔의 모양을 하고 있을 때 빅이 나를 알아보았지? 빅이 아니었음 내가 다시 살아나지 못했을 거야. 빅은 아마 내 이름을 알 거야. 나는 타이탄이야."

"타이탄이라구? 이렇게 작고 귀여운 너의 이름으론 어울리지 않는데?" 미미가 고개를 갸우뚱했다. "하하, 너의 친구 빅은 아주 '빅'하지 않아, 미미? 내가 왜 타이탄인지는 곧 알게 될 거야." 새싹, 아니 타이탄이 호탕하게 웃었다. "그럼 타이탄! 너는 이제 아주 큰 거인이 될 거구나." 알프 요정이 타이탄에게 말을 걸었다. "알프 요정님. 내일 해가 하늘 한가운데 떠오를 때 저를 찾아주세요. 제가 맡은 임무가 무엇인지 알게 되실 거예요." 타이탄이 씩씩하게 대답했다.

"타이탄, 그러면 우리의 파샤도 안전해지는 거야?" 레드가 물었다. "물푸레나무 족장님이 돌아가시기 전에 내게 부탁하신 일이야. 내가 멋지게 임무를 완수하는 걸 족장님이 보셨어야 했는데…." 타이탄의 음성이 젖어 들어갔다. 족장님을 생각하는 듯 타이탄은 잠시 고개를 떨구었다.

"족장님은 가셨지만, 래빗과 미미, 그리고 알프 요정님이 지켜볼 거니까 괜찮아. 미미, 내일 꼭 올 거지?" 타이탄이 미미에게 다짐했다. "그럼 오고말고. 타이탄! 나는 네가 잘 해 내리라 믿어." 미미가 밝은 음성으로 말했다.

꽃을 피우다

클로버야, 너 새싹 타이탄 봤어?

다음날 해가 높이 떠오를 때를 기다려 미미와 일행은 타이탄을 만나러 떠났다. 도중에 마이갓을 만났다. 마이갓은 아직 숲을 떠나지 않고 이 나무 저 나무를 옮겨 다니며 먹을 것을 찾고 있었다. "마이갓, 안녕!" 미미가 먼저 인사했다. "오 마이갓! 지금 인간들이 있을 땐데 이렇게 돌아다님 어떡하려고 그래?" 마이갓이 부리부리한 눈을 찡그리면서 말했다.

"오늘은 특별한 날이야, 마이갓. 그래서 괜찮아." 래빗이 대답했다. "무슨 일이 있어? 다들 기분이 좋아 보이는데?" "곧 좋은 일이 있을 거야. 마이갓, 너도 같이 가지 않을래?" 미미가 물었다. "어디 가는데?" "조금만 더 가면 파샤에서 가장 높은 곳이 있어. 거기에 우리가 특별한 식물을 심었거든, 타이탄이라고. 타이탄을 만나러 가는 거야."

"타이탄? 정말 타이탄이라고 했어, 미미? 그 아인 전설의 식물이야. 7년하고도 4개월이 지나야 꽃을 피우거든. 엄마한테 타이탄 이야기를 들었는데 나도 같이 가. 타이탄을 꼭 보고 싶어." 마이갓은 거대한 날개를 펄럭이며 아래로 내려왔다. "미미, 내 등에 타. 나랑 가면 더 빨리 갈 수 있어." 미미와 빅은 마이갓의 등에 올랐다. 그들이 이야기를 나누는 사이 해는 조금 더 높아졌다. 미미와 친구들은 인간의 눈에 띄지 않게 아주 조심하면서 타이탄이 있는 곳으로 향했다. 그들이 숲의 중앙에 도달했을 때 타이탄은 없었다.

"클로버야, 너 새싹 타이탄 봤어? 누가 타이탄을 해친 거 아냐?" 걱정이 된 미미가 클로버에게 물었다. "미미, 저기 키 큰 아이가 타이탄이야. 오늘 아침 해 뜰 때부터 갑자기 쑥쑥 자라났어. 나도 내 눈을 믿을 수 없었어. 생전 처음 보는 광경이거든." 새싹이 있던 자리에 처음 보는 거대한 꽃대가 올라와 있었다.

얼마나 키가 큰지 인간이 만든 전봇대 높이만 했다. "오! 세상에!" 미미가 탄복했다. 타이탄과 이야기를 나누려면 꽃대의 높이까지 올라가야 했다.

"내가 드디어 전설의 타이탄을 보는구나!" 마이갓의 음성이 떨려왔다. 미미를 태운 마이갓이 타이탄 가까이에 다가갔다. 그때였다. 타이탄의 꽃잎이 서서히 열렸다. 은잔처럼 생긴 거대한 꽃잎이 열리면서 뜨거운 열기가 밖으로 뿜어 나왔다. 꽃잎이 내는 열기로 미미는 타이탄에게 말을 걸 수 없었다. 타이탄은 온 힘을 다해 꽃잎을 열고 있었다.

잠시 후 타이탄이 꽃을 활짝 피우고 나서 노래를 불렀다. "나의 사랑하는 프레들아. 너희들이 기다리던 타이탄이 피어났어. 7년 세월을 기다렸어. 이제 너희를 만날 수 있어. 땅 위의 햇빛과 공기와 물, 땅 속의 양분과 수분이 숙성되어 피어났어. 너희들과의 성대한 축제를 위해 나는 여러 번의 더운 여름과 추운 겨울을 참고 이겨냈단다. 이제 우리의 시간이야. 이제 우리의 때가 되었어. 나의 친구, 나의 연인이여. 나의 노래를 듣고 있지?" 확성기처럼 생긴 꽃잎이 타이탄의 노래를 멀리 실어 보냈다.

타이탄의 열기 덕분에 노래는 아주 멀리까지 퍼져나갔다. 게다가 타이탄은 숲의 가장 높은 곳에 있었다. 어디서든 타이탄의 아름답고 거대한 꽃과 열기와 냄새를 느낄 수 있었다. 잠시 후 사방에서 프레들이 날아왔다. 프레들은 정신없이 타이탄의 꽃잎 속으로 빨려 들어갔다. 수백, 수천 마리의 프레 떼가 타이탄을 만나러 숲의 동서남북에서 모였다. 윙윙거리는 소리, 그들의 날갯짓이 일으키는 바람과 함께 주변이 온통 새까맣게 물들었다.

프레의 공격

그대들이 힘을 다해 인간을 쫓아주오!

레드가 한 발짝 물러섰다. "난, 난 프레는 질색이야!" 레드는 붉은 팔로 얼굴을 감싸고 울상이 되었다. 그래도 도망은 가지 않고 가까스로 자리를 지키고 있었다, 래빗을 지켜야 했기에. 그 모습에 래빗이 살짝 미소지었다. 그러고는 알프 요정에게 귓속말을 했다. "레드는 정말 프레를 최고로 무서워해요. 저 큰 거인이 말이에요." 알프 요정도 미소지으며 고개를 끄덕였다.

셀 수 없이 많은 프레가 타이탄의 꽃 속으로 파고 들어갔다. 그들은 타이탄이 주는 꿀과 영양분에 넋이 빠져 버렸다. 타이탄은 다시 노래 부르기 시작했다. "친구들이여, 나를 찾아주어 고마워요. 오랜 기다림이 헛되지 않게 그대들을 다시 만났다오. 나의 어머니의 어머니의 어머니, 그리고 또 어머니의 어머니 시절부터 우리는 최고의 파트너였다오. 7년을 넘게 정성껏 준비한 식탁을 즐겨주오. 나의 그대들! 마음껏 즐겨주오! 그리고 내 부탁을 들어주오!"

타이탄의 노래가 끝나자 갑자기 프레들이 모든 동작을 멈추었다. 윙윙거리는 소리도 그쳤다. 파샤는 아주 조용해졌다. 미미와 래빗, 레드와 빅, 알프 요정, 그리고 마이갓도 어리둥절해졌다. 프레들이 타이탄의 노래를 알아들은 게 분명했다. "타이탄이 뭐라고 그랬는데 이렇게 조용한 거야, 미미?" 식물의 언어를 알아들을 수 없는 레드가 물었다.

"타이탄이 프레들에게 부탁을 하나 하겠대. 그래서 지금 프레들이 긴장한 것 같아." 미미가 대답했다. 잠시 후 프레들의 합창이 들렸다. "나의 사랑 타이탄, 말해 봐요. 우리는 당신의 영원한 동지, 영원한 연인이라오. 당신의 소원이라면 뭐든 할 수 있다오. 내 사랑 타이탄, 원하는 게 뭐예요? 내 사랑 타이탄, 원하는 걸 말해요."

타이탄이 정열을 실어 노래했다. "나의 고향 파샤 숲이 인간의 침입으로 모두 망가졌다오. 조금 더 있으면 이곳은 황무지가 될 거라오. 그대들이 힘을 다해 인간을 쫓아주오. 파샤를 살려주오, 파샤를 지켜주오!" 타이탄의 노래가 끝나기 무섭게 프레들은 일제히 사방으로 퍼졌다.

프레들은 타이탄의 향기도 잘 맡지만 인간의 냄새에도 아주 민감하다. 그들은 아주 멀리서도 인간의 냄새를 맡을 수 있었다. 게다가 지금은 해가 하늘 한가운데 떠 있는 시간이라 인간의 냄새를 멀리서도 알 수 있었다. 프레들은 숲의 여기저기에 흩어져 나무를 베고 있는 인간들에게 진격했다. 그들은 턱밑과 반짝이는 투명한 날개 속에 독침을 가지고 있었다. 그들의 침이 인간에게 사정없이 꽂혔다.

숲을 해치던 인간들은 프레의 공격에 눈도 뜨기 힘들고 숨쉬기도 힘들었다. 그들은 우왕좌왕하다가 아무 데로나 뛰었다. 마구 달리다가 자기들끼리 부딪혀 나동그라지기도 하고 나무 밑동에 걸려 크게 다치기도 했다. 마이갓은 이 꼴을 구경하러 미미와 빅을 태우고 숲을 빙빙 돌았다.

마이갓은 조상을 괴롭히고 죽이던 인간이 프레들에게 당하는 꼴을 지켜 보았다. 숲의 새와 동물들이 모두 나와 이 진기한 광경을 보았다. 프레들은 해가 질 때까지 인간을 공격했다. 한 무리의 프레떼가 다시 타이탄에게 와서 영양을 공급받는 동안 힘을 보충한 프레들이 인간을 공격하는 식이었다.

레드가 이 모습을 지켜보며 한마디 했다. "내가 프레를 싫어하는 게 우연은 아니야. 인간도 프레라면 끔찍하겠는 걸?" 해 질 무렵이 되자 인간들은 프레에게 쫓겨 모두 숲에서 떠났다. 큰 전쟁을 치르느라 지친 프레들은 타이탄의 품으로 돌아왔다.

산불

레드님 명령에 따르겠습니다!

"타이탄, 수고 많았어. 너와 프레가 우리 숲을 구했어." 래빗이 타이탄의 밑동을 어루만지며 말했다. "래빗, 나의 이번 생의 임무는 이렇게 파샤를 구하는 거야. 물푸레나무 족장님의 명을 완수할 수 있어서 기뻐. 지난 세월의 기다림이 헛되지 않았지. 내가 다음번에 다시 태어날 때는 울창한 숲과 그 속에서 즐겁게 살아가는 동물들을 만날 수 있겠지!"

타이탄이 떨리는 목소리로 말했다. 타이탄의 품에는 많은 프레들이 편안하게 안겨 있었다. 미미가 프레들을 위로했다. "소중한 파샤 숲을 살려주어서 고맙다. 내 친구 프레!" 프레들이 날갯짓으로 미미에게 대답했다. "이제 인간이 이 숲에 오지 못하겠지?" 알프 요정이 당당하게 말했다.

그들은 타이탄과 프레와 작별하고 래빗의 집으로 향했다. 마이갓도 자기 집으로 돌아갔다. 레드는 우탄과 졸개들을 풀어주었다. "레드, 갑자기 왜 이러는 거야? 이제 우리를 모두 죽이려고?" 우탄이 겁먹은 목소리로 물었다. "내가 너희를 풀어주고 나면 오히려 너희가 나를 죽이지 않겠냐, 우탄?" 레드가 여유 있게 말했다.

"우탄, 내 말 잘 들어. 못된 인간들이 오늘 숲에서 쫓겨 났어. 물푸레 족장이 정성껏 키운 타이탄과 타이탄의 친구인 프레의 활약이 컸어." "아, 그 전설적인 타이탄? 더 말하지 않아도 무슨 일이 있었는지 알 것 같네. 이제 인간은 파샤에 얼씬도 하지 못할 거야." 우탄이 감동한 목소리로 말했다.

"우탄! 이제 너도 네 잘못을 뉘우치고 본래 너의 모습으로 돌아가야지, 안 그러냐? 인간의 심부름이나 할 이유가 없어. 예전처럼 수문장으로 사는 거지." "그럴 수만 있으면 좋겠지만 나는 너의 부하들을 죽였고 래빗 아가씨를 괴롭혔고 이제까지 숲에 나쁜 짓만 했어." 우탄이 고개를 푹 숙이고 잦아드는 음성으로 말했다.

"다시 수문장으로 돌아가고는 싶은 거야?" "물론이지, 레드! 하지만 래빗 아가씨와 숲의 친구들이 나를 용서하고 받아줄까?" "딱 한 가지 방법이 있어. 네가 나를 도와주면 돼." "뭐든지 시키기만 해. 이제 나는 예전의 우탄이 아니야. 레드, 여기 갇혀 있으면서 많은 생각을 했어. 나의 말도 안 되는 욕심과 배신을 후회하고 반성했어. 정말이야, 날 믿어줘!"

우탄의 말 속에서 진심이 느껴졌다. 우탄과 졸개들이 모두 레드 앞에 무릎을 꿇고 고개를 조아렸다. "우리가 할 일이 있어. 인간이 오늘 물러가긴 했지만 내일 다시 올 수도 있어. 나는 파샤의 수문장으로서 물푸레 족장님께 받은 임무가 남아 있어. 너희들이 힘을 합쳐 나를 도와주면 그걸로 속죄한 걸로 치자. 래빗 아가씨와 숲의 모든 가족도 이해해 줄 거야." "그렇게 할게, 레드!" 우탄이 대답했다. "레드님 명령에 따르겠습니다!" 우탄의 졸개들이 일제히 소리쳤다.

그들은 날이 밝기를 기다려 숲의 입구에 갔다. 레드는 빠른 속도로 숲의 가장자리를 달리며 산불을 만들었다. 레드가 붉은 털을 한 가닥씩 뽑아 던지니 숲의 둘레에 불이 붙었다. 우탄과 부하들은 불이 숲의 안쪽까지 타들어가지 않도록 지키는 임무를 맡았다. 숲 가장자리의 산불은 두 가지 효과가 있다. 하나는 인간의 침입을 막는 것이고 다른 효과는 숲을 깨끗하게 만들고 식물이 살기 좋은 조건을 만들어 주는 것이다.

숲에서 자연스럽게 불이 나는 것은 그런 이유이기도 하다. 그렇다고 숲이 몽땅 불타버리면 안 되므로 우탄과 부하들은 레드를 따라 다니며 경계선을 그었다. 우탄의 부하들과 레드는 파샤 숲의 수문장답게 힘을 합하여 임무를 수행했다. 산불은 며칠간 계속되었다. 그동안 레드는 잠시도 쉬지 않고 불을 내었다.

회복

숲과 생명은 누구의 것도 아니라네.

레드는 불을 만드느라 털을 다 뽑아서 피부가 우스꽝스럽게 되었다. 레드가 집으로 돌아왔을 때 래빗과 미미는 웃어야할지 울어야할지 난감했다. 레드의 매력은 붉은 털에 있었는데 털이 빠진 레드는 털 빠진 닭 같기도 해서 품위가 없었다. 하지만 고생한 레드를 생각하면 불쌍하기도 했다.

며칠이 지나고 파샤에는 평화가 돌아왔다. 산불이 났던 숲 가장자리에는 크고 작은 관목과 교목이 수줍은 듯 싹을 내었다. 그들은 평평한 대지에 쏟아지는 햇빛을 마음껏 먹으며 쑥쑥 자랐다. 얼마 지나면 이 싹들은 파샤를 지키는 든든한 나무가 될 것이다.

딱따구리 마이갓은 결혼을 하고 아이들이 생겼다. 마이갓 부부는 아이들을 먹일 식량을 찾느라 항상 바삐 돌아다녔다. 래빗은 다시 물푸레나무 모습으로 돌아갔고 아버지를 이어 족장이 되어 숲을 지키고 있었다. 가끔 놀러오는 레드와 마이갓한테 숲의 새 소식을 들으며. 이제 열심히 열매를 만드는 것이 래빗의 할 일이었다. 래빗이 부지런히 노력하면 많은 씨앗들을 키워서 파샤 숲을 다시 세울 수 있을 것이다. 우탄과 부하들은 그간의 잘못을 씻으려는 듯 레드를 도와 숲의 구석구석을 돌보았다. 특히 래빗이 안전하게 열매를 만들 수 있도록 힘을 다했다.

미미는 빅과 함께 타이탄에게 가보았다. 타이탄은 짧은 생을 마치고 바닥에 누워 있었다. 타이탄의 친구인 프레도 모두 떠나고 없었다. '타이탄, 너의 아름다움과 너의 노래를 기억해! 너의 정열도 잊지 못할 거야!' 미미의 눈에 눈물이 고였다. "미미, 타이

탄은 곧 다음 생을 시작할 거야. 식물은 죽어도 죽는 게 아니잖아?" 빅이 미미를 위로했다.

파샤 숲이 안전해지고 아름다워지자 미미는 집 생각이 났다. 하지만 어떻게 해야 집으로 갈 수 있을지 알 수가 없었다. 알프 요정에게 물어도 뾰족한 수가 없었다. 딱따구리 마이갓에게 부탁해 볼까 생각했지만 아이들을 키우고 지키고 하느라 바쁜 마이갓이 그 일을 할 수는 없었다. 게다가 마이갓은 주욱 파샤에 살았기 때문에 상수리 숲이 어디인지, 아몬드 숲이 어디인지 알지도 못했다.

미미와 빅, 알프 요정은 다시 나무가 된 래빗을 만나러 발걸음을 돌렸다. "미미, 나, 다시 나무가 되어서 정말 기뻐!" 래빗이 생글생글 웃었다. "그 사이 키가 많이 컸구나, 래빗!" 미미가 활짝 웃었다. "파샤가 회복되지 않으면 나는 영영 치욕스러운 인간의 모습으로 살 뻔했지 뭐야? 빅, 그리고 요정님, 도와주어서 참 고마워요." "역시 나무는 나무인 게 멋지다! 게다가 래빗 아가씨는 족장님이시죠?" 빅이 엄지를 척 들어 보이며 말했다. "아몬드 숲이 어떻게 되었는지 궁금한데 돌아갈 길을 모르겠어, 래빗." 알프 요정이 말했다. "여기서 우리랑 함께 지내면 안 될까요, 요정님?" 래빗이 물었다.

"래빗, 아름다운 너와 또 숲의 식물, 동물들과 영원히 지내면 좋겠지만 아몬드 숲 식구들이 기다리고 있고, 또 미미도…." "그냥 해 본 소리예요, 요정님. 미미, 회오리바람과 노랫소리가 너를 이곳으로 불렀다고 했지?" "응. 나는 정신없이 이곳으로 왔어. 그때 만난 너와 은잔이 잊히지 않네." "회오리바람과 노래라…." 가지를 두 손처럼 모으고 있던 래빗이 잠시 후 노래하기 시작했다.

"숲은 누구의 것일까? 나무는 누구 것일까? 나무에 둥지를 튼 새는 누구 것일까? 가지에 매달린 곤충의 고치는 누구 것일까? 바닥에 흐드러진 클로버는 누가 주인일까? 클로버 사이를 달리는 토끼는 누구 것일까? 누구 것도 아니라네. 누구 것도 아니라네. 숲은 나무는 생명은 누구 것도 아니라네." 래빗은 가지와 잎을 부딪치며 아름다운 노래를 불렀다. 빅은 래빗의 노랫말을 알 수 없었지만 노랫가락은 들을 수 있었다.

블루가 전한 소식

너희들을 찾으러 돌아다녔어.

래빗의 노래가 은은한 바람을 불러왔다. 바람은 조금씩 거세졌다. 미미와 빅, 알프 요정은 바람에 몸을 실었다. 바로 그 회오리바람이었다. 래빗의 노래가 바람에 실리면서 점점 작게 들렸다. 아름다운 물푸레나무 래빗의 모습이 가물가물해지고 있었다. "래빗, 안녕! 잘 살아야 해! 최고의 족장이 되어 줘!" 미미는 마음속으로 래빗에게 인사했다. 래빗의 행복과 안녕을 빌었다.

래빗의 잎들이 찰랑거리는 게 보였다. 미미에게 작별인사를 하듯이. 미미와 빅, 알프 요정은 잠시 정신을 잃었다. 그들이 눈을 떴을 때는 아몬드 숲 요정의 궁전, 바로 미미가 누워 있던 그

방이었다. 이제껏 그들을 기다리며 자리를 지킨 리리 요정의 눈이 동그래졌다. "알프 요정, 미미, 빅!" 리리 요정이 두 팔을 벌려 포옹했다.

"언제 돌아오나 하고 얼마나 기다렸는지 몰라!" 리리 요정의 눈에 이슬이 맺혔다. "많이 기다렸지, 리리? 네가 걱정할 거라고 생각했어. 오는 길을 몰라서 바로 돌아오지 못했어." "파샤 숲은 어찌 되었어, 미미?" 리리 요정이 물었다. "빅과 알프 요정님의 도움으로 잘 되었어요. 숲을 망가뜨리는 인간들을 다 쫓아냈어요. 파샤는 이제 평화로워요, 요정님."

"인간이란 게 참…, 숲은 그 누구 것도 아닌데 자기들 것이라고 착각하는 게 불쌍한 인간들이야. 멍청하기도 하고." 리리 요정이 말했다. "이번에도 빅의 활약이 컸어요. 빅이 대단한 식물을 알아보았거든요." 미미가 빅을 자랑했다. "파샤에서 빅을 모셔갈 때부터 알아봤지. 빅은 백년의 동물의 소중한 파트너야." 리리 요정도 거들었다. "제가 일개미라 그래요. 태어나서부터 지금까지 별걸 다 보고 경험했거든요. 다 노동의 결과입니다." 빅이 겸손하게 말했다.

그들은 아몬드 숲 요정들과 하루 종일 파샤 이야기를 나누었다. 털이 붉은 레드 이야기, 레드의 털이 무슨 일을 했는지, 잘생겼지만 악당 노릇을 한 욕심 많은 우탄과 졸개들 이야기, 이제는 족장이 된 물푸레나무 래빗 이야기, 저절로 감탄사가 나오는 딱따구리 마이갓 이야기, 그리고 세상에서 가장 큰 꽃 타이탄 이야기 등이었다.

"나도 타이탄이란 식물 이야기는 들어봤는데 한 번 보고 싶다! 타이탄이 프레를 불러들이는 장면은 엄청날 것 같아!" 리리 요정이 두 손을 모으고 말했다. "맞아요, 요정님. 프레들이 인간을 공격해서 쫓아내는 모습은 정말 통쾌했어요." 빅이 말했다. "프레들은 날개 달린 개미 같아, 빅. 개미들도 얼마나 쎈지 인간이 당해 내지 못하잖아?" 미미가 말했다.

그들이 이야기에 빠져 있는 사이, 요정의 궁전에 손님이 찾아왔다. 파랑새 블루였다. 블루의 날갯짓 소리가 가까이에서 들려왔다. 빅과 미미가 얼른 궁전 밖으로 나왔다. "블루구나, 오랜만이야, 블루!" 미미가 반가워서 소리쳤다. "너희들을 찾으러 돌아다녔어. 여기에 있다는 말을 듣고 부지런히 왔지."

"블루, 무슨 일이 있는 거야?" 빅이 말했다. "빅, 개미 종족 중에 새턴 부족 알아?" "새턴? 알고 말고. 아주 강하고 똑똑한 부족이지. 그런데 왜, 블루?" "새턴 부족에게 문제가 생긴 모양이야. 새턴의 여왕이 이레니아2세 여왕께 외교사절을 보냈어. 그래서 너를 찾아 달라고 연락이 왔어." "그러고 보니 내가 떠나온 지 한참 되었네." 빅이 심각하게 말했다.

새턴부족 이야기

이레니아 2세

바로 그 일 때문에 자네를 불렀네.

    미미와 빅은 아몬드 숲 가족에게 서둘러 작별을 고하고 이레니아 왕국으로 향했다. 블루가 빅을 이레니아 왕국 입구에 내려주었다. 빅은 보초병과 꽁무니 냄새를 확인하고 안으로 들어갔다. 이레니아 2세가 즉위한 후 왕국은 평화로웠다. 이레니아 2세는 자신의 아이들을 낳았고 그들은 여왕을 잘 모시며 왕국을 꾸려가고 있었다.

    호위병의 안내를 받으며 빅은 왕국의 중앙도로를 걸어갔다. 이제는 고인이 된 이레니아 여왕의 초상화가 걸려 있었다. '여왕님! 여왕께서는 불의의 변을 당하셨지만 우리 왕국의 주춧돌을

놓으셨습니다. 이제 따님인 2세 여왕께서 어머니의 뜻을 잘 받들고 있습니다!' 빅의 코끝이 찡해왔다.

새 여왕의 즉위 후 왕국의 내부는 잘 단장되었다. 빛이 바래 우중충했던 중앙도로의 포도주 빛 대리석은 보수되어 선명하게 빛났고, 왕국의 전성기를 보여주는 천장의 은빛 보석들은 광채를 발하고 있었다. 빅이 천장을 올려다 보며 미소 짓는 사이, 누군가가 옆구리를 쿡 찔렀다. 이호였다. "이호!" 빅이 반가움에 이호를 끌어안았다. "빅, 어딜 그렇게 돌아 다니는 거야? 본지 한참 되었네." 이호도 이레니아 왕국의 원로가 되어 여왕의 자문을 맡고 있었다. "백년의 동물 미미의 조수하느라 그래." 빅이 씨익 웃었다. "알고 있어, 빅. 어서 가자. 여왕님이 기다리셔."

그들은 호위병의 안내로 여왕의 방에 다다랐다. 호위병이 문을 두드리자 시종이 나와 영접했다. "어서들 오게. 빅은 정말 오랜만이군." 이레니아 2세가 빅을 맞았다. 빅은 정중하게 여왕께 인사했다. "여왕님, 그간 평안하셨는지요?" "자네의 활약 덕분에 우리 왕국은 아주 평화롭다네." 여왕은 푸른 드레스에 은색 왕관을 쓰고 있었다. 싱싱한 젊음과 우아한 품위가 여왕에게서 자연스럽게 배어 나왔다. "저, 이호, 여왕님을 뵙습니다." 이호도 여왕께 인사드렸다. 여왕은 한 손을 들어 이호의 인사를 받았다.

"미미는 잘 지내는가?" 여왕이 조심스레 물었다. "물론입니다. 여왕님, 여기 들어오지 못했지만 여왕님께 안부 전해달라고 합니다." 빅이 대답했다. "자네가 미미와 함께 일하는 것이 우리 왕국의 자랑거리라네, 빅!" 여왕이 흐뭇한 미소를 띠고 말했다. "그런데 여왕님, 새턴 부족에게 무슨 문제가 생겼습니까?" 빅이 물었다.

"바로 그 일 때문에 자네를 불렀네. 새턴 부족이 우리에게 도움을 청했다네." 여왕이 대답했다. "빅, 새턴의 외무대신이 자네를 기다리고 있어. 함께 그를 만나 보도록 하지." 여왕이 제의했다. "자세한 이야기는 새턴 부족의 외무대신에게 직접 듣는 게 좋을 거야." 이호가 말했다.

잠시 후 시종의 인도로 새턴의 외무대신이 들어왔다. 그는 노랑 드레스에 노랑 터번을 두르고 있었다. "여왕님을 알현합니다." 외무대신은 무릎을 꿇어 공손히 절했다. "어서 오게, 도대체 새턴 부족에 무슨 일이 있는 것인가?"

"여왕님도 아시겠지만 저희 부족은 땅 속에 궁전을 짓지 않습니다. 저희들은 아카시아 나무를 집으로 삼아 살고 있습니다. 아카시아는 우리에게 살 곳과 먹을 것을 줍니다. 새턴의 여왕님은 혼인비행을 마치자마자 왕궁을 보러 다니시지요. 아카시아나무들은 제각기 잘 만든 궁전과 풍성한 요리를 선보이며 여왕님을 모시려고 한답니다." "그러니 새턴 부족은 얼마나 편한가 말일세. 아카시아에게 대접받으며 사니까." 이레니아 2세가 부러워했다. "그렇기는 합니다. 우리 여왕께서는 몇 집 둘러보고 음식도 맛보시고는 그 중에 가장 마음에 드는 나무와 계약을 합니다."

계약위반

우리 부족이 굶어 죽게 생겼습니다.

"그래서 마음에 드는 아카시아와 계약을 하셨겠지?" 이레니아 2세가 물었다. "그렇습니다. 여왕님. 한동안 아무 문제없이 잘 지냈습니다. 아카시아는 우리에게 집과 먹을 것을 제공하고 우리는 아카시아를 해치는 것은 모조리 쫓아냈습니다. 그것이 곤충이든 동물이든 인간이든지 말입니다. 그런데 요즈음 아카시아가 이상해졌습니다. 먹을 것을 제대로 해 주질 않습니다. 이대로 가다간 우리 부족이 굶어 죽게 생겼습니다."

"저런! 도대체 왜 그런 일이 벌어진 게야? 그렇담 새턴 부족이 다른 곳으로 이사를 해야 하는가?" 여왕이 물었다. "여왕님,

우리 여왕께서도 그 생각을 안 하신 게 아닙니다. 그런데 이사를 하는 게 쉬운 일이 아닙니다. 다시 적당한 아카시아를 골라야 하는데 지금은 갈만한 곳이 없습니다." 외무대신이 대답했다.

"아카시아는 무어라고 합니까?" 빅이 물었다. "제가 아카시아에게 물었더니 요즘 몸 상태가 안 좋아져서 음식 만들기가 어려워졌다고 합니다. 건강이 회복될 때까지 기다려 달라는 대답뿐입니다. 그 말을 믿고 기다린 지가 오래되었습니다. 아무래도 우리에게 무관심한 게 아닌가 합니다."

"흠…, 이건 아카시아의 명백한 계약위반입니다." 이호가 심각하게 말했다. "너무 염려 말게나, 우리 부족의 어려움을 해결해 준 백년의 동물 미미가 빅의 친구일세. 미미는 어떤 식물과도 이야기가 잘 통하고 또 지혜와 용기도 있다네. 자네 부족이 그런 어려움을 겪는 걸 미미가 알면 가만있지 않을 걸세." 여왕이 격려했다.

"여왕님, 저희 부족을 도와주셔서 감사드립니다!" 외무대신이 허리를 숙여 인사했다. "서로 돕고 사는 건 당연히 해야 할 일 아닌가, 빅과 함께 떠나게나." "이번에 저도 가도 되겠습니까?"

이호가 여왕께 청했다. "자네도 함께 가도록 하지, 빅에게 큰 힘이 될 걸세." 여왕이 허락했다.

  그들은 여왕과 헤어져 나무 아래서 기다리고 있는 미미와 블루를 만났다. 미미는 빅에게서 새턴 부족의 일을 자세하게 들었고 그들은 서둘러 새턴왕국으로 떠났다. 개미는 용감하고 협동심 좋기로 소문난 종족이다. 그들의 긴 더듬이는 무엇이든 잘 탐지하고 단단한 턱은 어떤 상대든지 제압한다. 개인적으로도 강하고 똑똑하지만 돋보이는 건 그들의 단결력이다. 여왕을 중심으로 뭉쳐 있는 그들은 함께 먹이를 나르거나 밖에서 적이 쳐들어올 때 일사불란하게 대응하는 종족이다.

  그중에서도 새턴 부족은 용맹하기로 소문났다. 그들 모두는 날랜 군사들로 구성되어 있다. 다른 부족처럼 먹이를 구하러 나가는 개미도 없다. 식물에 주둔해 살면서 그 식물을 지켜주는 대가로 궁전과 식사를 제공받으며 지내기 때문이다. 그들은 아카시아 나무속에 살면서 적들로부터 아카시아를 지켜준다. 새턴 부족과 아카시아 사이에는 아주 오랜 세월동안 이러한 관계가 형성되어 왔다.

블루의 등 위에서 미미는 외무대신과 이야기를 나누었다. "전설적인 새턴 부족을 만나니 반갑습니다. 아카시아는 개미 종족과 유난히 가까운 사이인 것 같아요, 지난번 이레니아 부족의 일을 해결하는 데도 아카시아 꿀이 큰 힘이 되었답니다." "미미님의 활약이 컸던 걸 알고 있답니다. 이번에도 꼭 좀 도와주세요." 외무대신이 간청했다.

아래에 아카시아나무가 몇 그루 보였다. 블루는 아카시아나무 옆에 미미와 빅, 이호와 외무대신을 내려 주었다. "이 나무예요. 여기로!" 외무대신의 인도로 그들은 새턴 왕국으로 향했다. 몇몇 개미들이 나무줄기 위로 나와 있었다. "여왕님은 어디 계신가?" 외무대신이 물었다. "백년의 동물과 친구들이 왔다고 여왕님께 전해 주게."

뿔 속의 왕국

어디선가 풍뎅이가 나타났다.

 시종들을 거느리고 여왕이 나타났다. 여왕은 새턴 부족의 지도자답게 당당한 어깨와 큰 턱을 가졌다. 전투복을 갖추어 입은 여왕은 나무의 맨 아래에 있는 잎 위에 앉았다. "미미, 백년의 동물! 환영합니다. 당신이 오기를 기다렸답니다." 여왕이 미미를 반갑게 맞이했다. "새턴 여왕님을 뵙게 되어 영광입니다. 이레니아 부족의 빅과 이호와 함께 왔습니다." 미미가 인사했다.

 "잘 오셨어요, 이호, 빅!" 여왕이 미소를 머금고 인사했다. "외무대신에게 들었겠지만 우리는 얼마 전부터 위기를 맞았답니다. 아무래도 이 정든 집을 떠나야 할 것 같아요. 우리는 아카시

아를 위해 최선을 다했는데 어찌된 일인지 모르겠어요."

"여왕님, 제가 아카시아와 이야기를 해보겠습니다. 이 많은 가족이 이사를 한다는 것도 쉬운 일이 아니고, 아카시아한테 무슨 문제가 있는지도 궁금합니다." 미미가 공손하게 대답했다. "그렇게 해주세요, 미미. 우리도 아카시아와 얘기해 보았지만 백년의 동물이 나서주면 또 다르겠지요." 여왕이 고개를 끄덕이며 말했다. "새턴 여왕님, 저희들이 새턴 부족을 좀 돌아봐도 될까요?" 빅이 물었다. "물론이지요, 요즘 영양실조가 와서 아주 힘들어 하고 있답니다."

이호와 빅은 여왕의 인도로 아카시아 나무줄기를 타고 새턴 왕궁 내부로 향했다. 혼자 남은 미미는 찬찬히 주위를 돌아보았다. 이 나무는 다른 아카시아나무와 달리 뾰족하고 강한 뿔을 가지고 있었다. 나무는 평화로워 보였다. 어디선가 풍뎅이 한 마리가 나타났다.

붉은 색의 풍뎅이는 나무줄기를 타고 올라가 나뭇잎을 갉아 먹으려고 했다. 그때 뾰족한 뿔에서 새턴개미들이 나오더니 풍뎅이를 공격하기 시작했다. 머리를 공격하는 개미도 있고 등을 공격하기도 하고 다리를 감아버리기도 했다. 수십 마리의 개미들의 무차별 공격을 받은 풍뎅이는 정신을 차릴 수가 없었다. 풍뎅이는 버둥대다가 뒤집어졌다. 새턴의 용사들은 뒤집힌 풍뎅이를 나무 가지 아래로 밀어 던져버렸다.

미미는 순간 자기도 모르게 박수를 쳤다. 전설의 새턴 부족이 자기 몸의 몇 배인 풍뎅이를 물리치는 장면을 본 것이다. 그때 어디선가 목소리가 들렸다. "미미, 어때! 내 군사들의 실력이?" 아카시아였다. "아카시아야, 넌 훌륭한 군사들을 두었구나." "그럼! 나와 새턴 부족은 계약을 맺고 있어. 미미, 좀 전에 네가 본 것은 작은 풍뎅이에 불과하지만 새턴들은 나를 위해 무슨 일이든지 할 수 있단다." "그래? 한 번 봤으면 좋겠네." "여기 좀 있다 보면 볼 수 있어. 내 주위를 둘러 봐, 주변에 다른 식물이 없지?" "응." 미미가 대답했다.

"얼마 전에 바로 내 옆에서 자라는 아이가 있었는데 새턴의 용사들이 다 갉아서 없애 버렸어. 그래서 나는 항상 햇빛을 충분히 받는단다." "정말 좋겠구나!" 미미가 감탄했다. "그게 다가 아니야, 사슴이든 산양이든 내 잎을 먹으려고 하면 새턴 부족이 달려들어서 혼내주지. 덩치 큰 그들도 새턴은 못 당해." "그런데 미미, 여기에는 무슨 일이야?" 아카시아가 그제야 생각난 듯 물었다.

"아, 그게…, 바로 너의 용사들인 새턴 부족이 요즘 지내기가 힘들다고 하네. 내 친구 빅을 통해서 연락이 왔어." 미미가 대답했다. "그래서 다른 개미들이 나를 방문한 거구나." "맞아, 새턴의 여왕이 너와 이야기해 보라고 부탁도 했어."

"내가 요즘 건강이 별로 안 좋아. 그래서 개미들이 먹을 음식을 만들어 내기가 좀 힘들어." 아카시아가 심각하게 말했다. "건강에 무슨 문제가 있는데?" 미미가 물었다. "사실 요즘 몸이 찌뿌둥하고 의욕도 하나 없고 사는 게 너무 재미가 없어." 아카시아는 모든 게 귀찮은 표정이었다.

천하무적 새턴

이제 새턴이 없어도 사는 데 별 지장이 없어.

"저런! 어쩌다 그렇게 되었을까?" 미미가 동정했다. "미미, 산다는 게 적당히 어려운 일도 있고 힘든 일도 있고 그래야 맛이 있는 거 같아." "그건 또 무슨 말이야?" 의아해진 미미가 물었다. "너도 알지만 새턴은 워낙 세고 용감하잖아. 새턴이 나를 지켜 준 지 몇 년 되었는데, 이 근방에 소문이 났어."

"무슨 소문?" "새턴이 지켜주는 나한테는 가까이 오지 않는 게 좋다는 소문이지. 여기 사는 곤충이나 동물들은 다 아는 사실이야. 새턴이 워낙 혼쭐을 내니까 다들 무서워 해. 그러다 보니 새턴도 그다지 할 일이 없지. 가끔 아무것도 모르는 인간이 내

근처에 왔다가 새턴한테 호되게 당하는 일은 있지만 말이야."

"인간도 당해?" 미미가 놀라서 물었다. "여행 온 인간들이 무심코 내 옆에 서 있었는데 새턴은 그들이 나를 해치려한다고 생각하고 달려들어서 무차별 공격을 했어. 얼굴을 감싸고 도망을 치는데 얼마나 우습던지!" 아카시아가 깔깔 웃었다. 그 바람에 미미도 웃음을 터뜨렸다. "하긴! 아까 풍뎅이를 내쫓는 걸 보니까 상상이 된다."

아카시아가 말을 이었다. "미미, 너는 백년의 동물이고 식물의 편이니까 내가 솔직하게 말하는 건데, 이제는 새턴이 없어도 사는 데 별 지장이 없을 것 같다는 생각도 들어. 나를 건드리면 안 된다는 걸 웬만한 동물들은 다 아니까." 아카시아가 도도하게 말했다.

"그래서 새턴한테 요즘 대접을 잘 안 해주는 거야?" 미미가 물었다. "뭐 꼭 그런 건 아니고 사는 게 재미없어지니까 의욕도 떨어지고 음식 만들기도 귀찮아진 것뿐이야." 아카시아가 심드렁하게 말했다. "그래도 새턴한테 잘 해 줘야 하는 것 아니야? 가끔 침입해 오는 곤충이나 동물이 있잖아? 그리고 의리가 있지,

이제껏 새턴이 지켜주었는데…." 미미가 설득했다.

미미가 아카시아와 솔직한 대화를 하고 있는 동안 빅과 이호는 새턴 왕국을 둘러보고 있었다. 외무대신은 아카시아 뿔 속에 있는 궁전의 방들을 보여 주었다. 가장 큰 뿔 안은 여왕의 방이었다. 여왕이 그 안에서 알을 낳으면 시종들이 알들을 다른 뿔로 옮겼다. 아카시아의 뿔들은 새로 태어난 아기들의 양육실과 어른 개미들의 집무실로 구분되어 운영되었다. 아카시아의 크고 튼튼한 뿔은 새턴 왕국의 궁전으로 손색이 없었다. "어떻게 여기서 살 생각을 하셨을까, 여왕님은 대단해요!" 빅이 감탄했다.

"다른 부족은 여왕이 혼인비행을 마치면 몸소 궁전을 지어야 하는데 새턴 부족은 그럴 필요가 없군요. 게다가 먹을 것까지 제공한다니, 사냥을 다닐 필요도 없잖아요." 이호도 거들었다. "네, 그렇습죠. 아카시아와 우리는 아주 오래 전부터 이렇게 살아왔답니다." 외무대신이 대답했다. "하지만 요즈음 아카시아의 마음이 변한 것 같아서 걱정이에요"

외무대신이 이렇게 말하는 동안 그들은 나뭇가지를 타고 올라오는 작은 곤충을 발견했다. 몸이 투명한 연한 갈색의 곤충이었다. 외무대신은 곧바로 전투태세를 취했다. "멈춰라! 여기가 어디라고 감히 들어와!" 연갈색의 작은 곤충은 움찔했다. 그러는 사이 새턴의 개미들이 이 작은 곤충을 에워쌌다. "저, 저기, 저는 아무 힘이 없는 약한 곤충이에요. 개미님들에게 아무 해가 되지 않는답니다. 오늘 날씨가 좋아 나들이를 나왔다가 어쩌다 보니 이 나무 위에 올라온 것뿐이에요." 작은 곤충은 놀라서 벌벌 떨었다.

진딧물 나타나다

곤충은 두 발을 들어 싹싹 빌며 애원했다.

"네 이놈! 이 나무는 우리 왕국이야. 여기서 얼쩡거리지 말고 냉큼 꺼지지 못해?" 새턴의 총사령관이 무섭게 소리쳤다. "예, 예. 제가 그런 줄도 모르고요. 이 연약한 제가 뭘 어쩌겠습니까? 노하지 마십시오, 바로 물러나겠습니다." 곤충은 두 발을 들어 싹싹 빌며 애원했다. 그러고는 가지를 기어내려가기 시작했다. "잠깐만, 거기 멈춰라! 너 방금 여기서 무슨 짓을 했지? 네 놈한테서 나는 이 냄새는 뭐냐?" 외무대신이 곤충을 불러 세웠다. 작은 곤충은 바로 멈춰 섰다.

"너 입 벌려 봐!" 총사령관이 명령했다. 하지만 곤충의 입에서는 아무 냄새도 나지 않았다. "이 놈의 몸을 살살이 살펴 봐! 우리 왕국에서 무언가 훔쳐간 게 분명해." 그는 병사들에게 말했다. "이 놈 꽁무니에서 무슨 냄새가 납니다!" 병사 중 하나가 말했다. 총사령관이 곤충의 꽁무니를 살폈다.

"이 놈 봐라, 네가 그 사이 우리 왕국에서 뭘 훔쳐 먹었구나. 네 놈이 살아나갈 성 싶으냐?" 그의 쩌렁쩌렁한 음성에는 노기가 배어 있었다. "저는 아무 짓도 안 했습니다. 개미님, 목숨만 살려 주세요. 얼른 떠나겠습니다." 곤충은 사색이 되어 벌벌 떨었다. "잠깐만 내가 좀 살펴보겠소." 외무대신이 나섰다. 그는 곤충의 꽁무니에서 나오는 즙을 묻혀서 조금 맛보았다.

그리고 빅과 이호에게도 맛을 보였다. "맛이 좋은데요?" 이호가 말했다. "이 맛은… 언젠가 먹어 본 적이 있어요. 그러니까…." 빅이 잠시 생각에 잠겼다. "생각났어요. 어디서 많이 본 녀석이었는데, 이 작은 곤충은 진딧물이에요. 우리 개미 종족은 진딧물의 꽁무니에서 나오는 음식을 즐겨 먹지요. 개미와 진딧물은 오랜 세월 서로 돕고 살았답니다."

"그렇다면 이 진딧물이 우리 부족의 식량난을 해결해 줄 수 있을까요?" 총사령관이 물었다. "자세한 건 알 수 없지만 일단 이 놈을 풀어주고 가족들을 데리고 오라고 합시다. 워낙 작고 힘없는 놈이라 우리에게 문제가 될 건 없겠지요. 여왕님께는 내가 보고 드리겠소." 외무대신이 말했다.

　죽을 뻔했다가 풀려난 진딧물은 다른 나무에서 살고 있는 친구와 가족, 친척들을 모두 불렀다. 잠시 후 수많은 진딧물이 아카시아로 이사를 왔다. 그들은 아카시아 잎의 이곳저곳에 자리 잡았다. 총사령관의 보고를 받은 여왕은 진딧물을 보려고 밖으로 나왔다. 여왕은 진딧물의 즙을 먹어보고는 아주 만족했다.

　"좋은데! 이 정도 맛과 영양이면 우리 새턴들이 활기 있게 살아갈 수 있겠어!" 기분이 좋아진 여왕은 새턴의 용사들에게 진딧물을 잘 지켜주고 기르라고 명령했다. 진딧물이 만들어 내는 즙으로 새턴의 개미들은 식량 부족을 해결할 수 있고 여왕이 낳은 알들도 잘 키워낼 수 있을 것이다.

　잠시 후 미미는 아카시아의 나뭇가지와 잎에 노란 곤충이 잔뜩 붙어있는 것을 보게 되었다. 새턴들이 아카시아에 붙는 곤충은 모두 내쫓는데 어찌된 일인지 알 수 없었다. 미미가 의아해하고 있을 때 빅과 이호가 미미에게 왔다. "빅, 이호, 도대체 저 노란 곤충이 뭘까?" 미미가 물었다. "아, 저거? 바로 진딧물이야, 미미." 빅이 대답했다.

"오랫동안 진딧물과 우리 개미들은 서로 돕고 살았어. 우연히 진딧물 한 마리가 여기 아카시아를 찾아왔지 뭐야. 내가 새턴 부족에게 진딧물이 주는 음식을 먹으라고 알려줬어." 빅이 설명해 주었다. "아, 그랬구나." 미미가 고개를 끄덕였다.

그들이 이야기를 나누는 사이 진딧물의 숫자는 더 많아졌다. 미미는 자기 눈을 의심했다. 무슨 마술을 보는 것 같았다. 조금 전만 해도 진딧물이 군데군데 있었는데 지금은 아카시아의 녹색 줄기와 잎을 다 덮어 버려서 아카시아가 온통 노란 색으로 물들었다. 곧이어 새턴 왕국의 방 속에서 개미들이 모두 밖으로 나와 진딧물의 꽁무니에서 즙을 얻어먹기 시작했다.

아카시아의 위기

빨리 진딧물을 내쫓아야 해!

 진딧물은 아주 자연스럽게 개미들에게 꽁무니를 갖다 대었다. 새턴 부족은 용사답게 차례로 줄을 서서 진딧물이 주는 음식을 받아 먹었다. 알을 키우는 개미들은 먹기가 무섭게 곧바로 육아방으로 들어가 음식을 게워내서 아기들에게 먹였다. 그렇게 얼마의 시간이 흘렀을까? 아카시아가 고통으로 얼굴을 찡그리기 시작했다. 미미는 아카시아가 힘들어 하는 것을 금방 알 수 있었다.
 "아카시아, 왜 그래? 어디 아파 보이는데?" 미미가 다정하게 물었다. "미미, 나, 숨을 쉬기가 힘들어. 도대체 나한테 무슨 일이 있는 건지 모르겠어." 아카시아가 숨을 헐떡였다. "너한테 진딧물이 이사왔어. 처음에는 새턴들이 쫓아내려고 했는데 진딧물이 먹을 것을 주니까 지금은 아주 좋아해."

"세상에! 의리 없는 새턴 같으니라구! 진딧물은 나의 수액을 모두 빨아버려. 조금 있으면 나는 죽어버리고 말거야. 어쩐지 잎과 가지가 죄다 근질거리고 기운이 빠지는 느낌이 들었어. 미미, 나, 금방 죽을 거 같아." 아카시아가 잦아드는 음성으로 말했다.

"어쩜 좋아, 아카시아. 조금만 힘을 내. 진딧물을 빨리 내쫓아야겠네. 내가 빅에게 이야기할게." 미미는 아카시아를 위로했다. "빅, 큰일이야. 아카시아가 죽어가고 있어." 미미가 다급하게 말했다. 빅은 미미가 아카시아와 하는 말을 알아들을 수 없었지만 무언가 심각한 일이 벌어졌음을 직감했다.

"아카시아가 죽어가고 있다고? 혹시 진딧물 때문에?" 빅이 되물었다. "빨리 진딧물을 내쫓아야 해!" 미미가 말했다. "우리가 새턴 부족에게 말해 볼게. 그런데 새턴은 오랜 굶주림에서 벗어나게 되어서 지금 한참 축제 분위기인데? 진딧물을 쫓아줄지 모르겠어." 이호가 고개를 갸우뚱했다.

빅과 이호는 새턴의 외무대신을 찾아 나섰다. 하지만 아카시아 줄기가 온통 진딧물로 덮여서 도무지 다닐 수가 없었다. 꽁무니를 개미에게 들이대는 진딧물과 그걸 받아먹는 개미들로 북새통이었다. 빅이 겨우 그를 찾았을 때는 기운이 다 빠져 있었다.

"여기 있었군요." 빅이 반가워서 소리쳤다. 외무대신은 나무의 가장 높은 곳에 올라가서 안전사고가 일어나지 않는지, 부족들의 동태를 지켜보는 중이었다. "저기 좀 보세요, 빅! 드디어 우리 부족이 오랫동안의 배고픔에서 벗어났어요." 그가 흐뭇한 미소를 지으며 말했다.

"정말 좋은 일이에요, 그런데 문제가 있어요. 진딧물이 너무 많아서 아카시아가 숨을 쉴 수 없대요. 게다가 진딧물은 아카시아의 수액을 다 빨아먹는다고 해요. 그렇게 되면 아카시아가 죽을 거예요. 미미의 심부름으로 당신을 찾았어요." 빅이 사태를 설명했다.

외무대신의 얼굴이 금방 심각해졌다. "아카시아가 죽으면 곤란한데…. 그런 문제가 있군요. 그렇다고 우리 부족을 굶길 수도 없고. 얼른 여왕님께 보고해야겠어요." 빅은 이호와 함께 여왕

을 만나러 갔다. "어서들 오세요. 지금 우리 왕국에 경사가 났지요. 그런데 얼굴들이 왜 그리 어두워요?" 여왕이 말했다.

외무대신이 이야기를 시작했다. "여왕님, 다른 문제가 생겼습니다." "다른 문제라니, 무슨?" "진딧물은 아카시아를 해치는 곤충입니다. 진딧물 때문에 아카시아가 숨도 못 쉬고 죽어간다고 합니다. 백년의 동물 미미가 아카시아의 사정을 듣고는 도움을 요청했습니다." 빅이 설명했다.

"저런! 한 가지 문제가 해결되니 다른 문제가 생겼군. 이를 어찌해야 좋은가?" 여왕이 이맛살을 찌푸렸다. "그렇다고 우리 부족을 굶겨 죽일 수도 없고 아카시아가 죽으면 우리가 살 곳이 없고…." 여왕이 말했다. "제가 미미를 만나 문제를 해결해 보겠습니다." 외무대신이 말했다. 그들은 여왕에게서 물러나 미미에게로 왔다.

"내가 아카시아와 이야기해 볼게요. 아카시아가 먹을 것을 마련해 주면 진딧물이 없어도 새턴 부족이 살아갈 수 있겠지요?" 미미가 제안했다. 아카시아 입장에서는 진딧물에게 수액을 다 빼앗겨 말라 죽는 것보다 부지런히 새턴 부족의 먹을 것을 생산

하는 것이 훨씬 나았다.

"미미, 내가 너무 게을렀던 것 같아. 신의도 없었고. 새턴이 진 딧물만 없애준다면 이제 내가 그들을 위해 최선을 다하려고 해. 네가 새턴의 여왕에게 말을 잘해 주었으면 해. 여기 있어달라고!" 아카시아가 진심으로 말했다.

바다로

블루 곁으로 갈매기 몇 마리가 날아갔다.

여왕은 모든 개미에게 진딧물을 쫓아내도록 명령했다. 새턴 부족은 아무 미련 없이 진딧물을 몰아냈고 아카시아는 약속대로 새턴 부족에게 풍부한 먹을거리를 제공했다. 새턴 부족은 이제 예전처럼 평화로웠고 아카시아 또한 모든 적들로부터 보호되었다. 외무대신은 미미와 빅, 이호에게 여왕의 감사 인사를 전달했다. 미미가 아카시아를 올려다 보니 모든 게 좋았다. 아카시아를 뒤덮었던 진딧물이 모두 사라져 이제 아카시아는 생생한 초록을 다시금 자랑했다. 뿔 속에서 나와 분주히 움직이는 새턴 부족의 모습도 건강해 보였다.

그들은 정성을 다해 배웅하는 외무대신과 헤어져 그곳을 떠났다. "이제 어디로 갈 거야, 미미?" 파랑새 블루가 물었다. "새턴 부족에게 문제가 생겼다고 해서 요정님한테 인사도 제대로 못하고 아몬드 숲을 떠났어. 어때, 빅은? 잠깐 들르지 않을래?" "좋아, 미미. 이호는 어때?" "나도 아몬드 숲이 가보고 싶었는데, 잘 되었네." 이호가 흔쾌히 대답했다.

"그러자. 그런데 여기서 아몬드 숲으로 가는 길에 푸른 바다를 보여주고 싶은데?" 블루가 제안했다. "바다라고? 야호! 바다는 얘기만 들었지 한 번도 보지 못했어." 미미가 환호했다.

"빅한테는 가끔 바다 구경을 시켜줬는데 백년의 동물에게도 바다를 보여주고 싶어서." 블루가 싱긋 웃었다. 블루는 날개를 펄럭이며 숲을 벗어나 바다로 향했다. 멀리 푸른 물결이 출렁거리는 게 보였다. 숲에서 나는 냄새와는 전혀 다른, 바다 냄새가 미미를 흥분시켰다. "조금만 더 가면 바다를 볼 수 있어, 미미." 블루가 말했다.

블루의 말이 끝나고 얼마 되지 않아서 그들은 바다 위에 있었다. 블루 곁으로 갈매기 몇 마리가 날아갔다.

　그들은 작은 동물들을 옹기종기 태운 블루의 모습이 신기한 듯 서로 눈짓을 교환하며 날아갔다.
　미미는 눈을 감고 시원한 바닷바람을 느꼈다. 눈을 떠보니 바다가 끝나는 곳은 하늘과 맞닿아 있었다. 물고기 떼가 모여서 자맥질을 하며 어디론가 가고 있었다. 바다는 끝이 없고 검푸른 물결 속은 바닥이 어디인지 알 수 없었다. "저건 뭐야, 블루?" 미미가 물었다. 멀리 바다 한가운데에 작고 푸른 점 하나가 보였다. "저거? 가만있자, 미미…. 저건 섬 같은데? 그런데 여기쯤엔 섬이 없었는데 이상하다." 블루가 대답했다.

"저기 한 번 가보자, 블루. 바다 한가운데 있는 섬에 가보고 싶어." 빅이 말했다. 블루는 천천히 섬으로 향했다. 가까이 가보니 섬은 온통 나무로 덮여 있었다. 블루는 작은 나무에 내려앉았다. 빅이 섬을 둘러보았다. "블루, 이 섬은 이상한데? 땅이 하나도 없어." 미미가 얼른 나무를 타고 아래로 내려갔다. 섬의 바닥에는 나무뿌리들만 엉켜 있었다.

떠다니는 섬

이 섬은 우리 자매들의 천국이지.

여러 그루의 나무가 서로 뿌리를 맞대어 만들어진 섬이었다. 찬찬히 살펴보니 빅의 말처럼 흙은 하나도 없었다. "빅의 말이 맞아. 이 섬은 나무로만 만들어졌네." 미미가 고개를 끄덕였다. "미미, 안녕! 너 백년의 동물 미미 맞지?" 제일 작고 어린 나무가 미미에게 관심을 보였다. "반가워. 나 생전 처음 바다에 나왔어. 네가 사는 이 섬은 아주 특이한데? 그런데 네 이름은 뭐야?" 미미가 물었다.

"내 이름은 세브야. 이 섬은…, 우리 자매들의 천국이지." 세브가 자랑스럽게 말했다. "미미, 네가 보는 이 섬은 우리 맹그로브 자매들이 만들어 놓은 낙원이야. 오래 전 우리는 바닷가에 사는 엄마에게서 자라고 있었어. 우리 맹그로브들은 주로 물가에서 살거든." "그런데 어떻게 바다 한가운데 나오게 된 거야?" 미미가 물었다. "우리는 아주 조숙해. 엄마랑 살 때부터 벌써 뿌리를 만들고 있단다. 독립심이 강하지. 이제나 저제나 세상에 나갈 날을 기다려. 그러다가 바람이 놀러오면 얼른 엄마한테 작별인사를 하고 물속으로 뛰어들어." 세브가 말을 이었다.

"이 섬은 섬이 아니야. 그냥 우리 자매들이 서로 머리를 맞대고 있는 거야. 너도 알겠지만 식물은 뿌리가 머리거든. 다른 아이들보다 유난히 모험심이 강한 우리는 엄마 품에서 떨어진 뒤에 앞 다투어 넓은 바다로 달려 나왔어. 엄마 이웃에서 살 수도 있었지만 세상이 너무 궁금했거든." "세브, 너 도대체 무슨 말이 그렇게 많니?" 세브보다 조금 더 큰 나무가 말을 막았다. "응, 언니. 얘가 바로 백년의 동물 미미야." "미미라고? 미미, 너 어떻게 바다까지 온 거야?" 세브의 언니가 놀라서 물었다. "저기 파랑새가 데려다 주었나 봐, 언니."

"어때, 미미? 우리들 대단하지?" 세브의 언니가 어깨를 으쓱했다. "그런데 궁금한 게 있어. 그럼 너희들은 아무데나 옮겨 다닐 수도 있겠네?" 미미가 물었다. "물론이지, 이 바다가 싫증나면 우리는 언제든지 다른 곳으로 이사 갈 수 있단다." 세브의 언니가 말했다. "그럼 갑자기 이 섬이 없어질 수도 있는 거네?" 미미가 물었다. "우리 맹그로브들은 얼마든지 움직이는 섬을 만들 수 있어. 호호, 어떤 때는 바다 속으로 아주 들어갈 수도 있단다. 잠수함처럼 말이지. 바다 속이 궁금하면 바다 속으로 뿌리를 내리고 그 속에서 예쁜 산호들과 놀 수도 있지. 숨이 차면 잠망경 같은 기둥을 만들어 올려서 숨을 쉬기도 하고."

그들이 이야기하고 있을 때 동그란 갈색 공이 멀리서 이쪽으로 오고 있었다. "저건 뭐지, 미미?" 빅이 물었다. 공은 기우뚱거렸지만 균형을 잘 잡으면서 빠르게 헤엄쳐 왔다. "글쎄, 세브한테 물어봐야겠어." 미미가 말했다. "세브, 저기서 오는 공이 뭔지 너 알아?" "아니, 나도 처음 보는 물건인데?" 세브가 대답했다. 그들이 말하는 사이에 공은 점점 가까이 왔다. 털 복숭이 갈색 공은 세브의 뿌리에 걸려 멈추었다.

털 복숭이 갈색 공

이제 정말로 멀리멀리 나가 볼 거야.

"아유, 힘들다. 먼 길 왔으니 여기서 좀 쉬어갈까?" 공이 혼잣말을 했다. "어? 너 말할 줄도 아니? 내가 네 말을 알아듣는 걸 보니까 너 식물이구나?" 세브가 물었다. "맞아, 난 식물이야. 여기서 너를 만나서 정말 다행이야. 어디선가 쉬어가고 싶은 마음이 간절했거든." 갈색 공이 말했다.

"안녕, 난 미미야. 작은 공아. 너, 어디 가는 길인데?" 미미가 말을 걸었다. "나? 엄마 품을 떠나 내가 살 곳을 찾아 가는 중이지. 어? 네가 미미라고? 정말 반갑네. 네 이야기는 엄마 품에 있을 때 벌써 듣고 있었지." 갈색 공이 쾌활하게 말했다.

"우리는 아주 아주 더운 나라에서 살아. 딱딱한 껍질 속에 시원한 물을 만들어 두지. 인간이나 다른 동물은 우리의 달콤한 즙을 참 좋아한단다. 더위를 식혀주는 생명수 같은 거야." 이호가 빅의 옆구리를 쿡 찔렀다. "알겠다. 저 공은 다름 아닌 코코넛이야. 어디서 많이 봤다 했어, 빅!" "아, 인간이 기름을 짜먹기도 하고 과자와 우유도 만들어 먹는 바로 그 코코넛!" 빅이 고개를 끄덕였다. "내 친구들이 네가 코코넛이라는데 맞아?" 미미가 공에게 물었다.

"그렇지! 내가 바로 그 전설의 코코넛 종족의 코로야." "사람들이 너를 생명의 나무라고 부른다는데?" 미미가 물었다. "그렇다마다, 나만 있으면 초코바·크림파이·마가린·자외선차단제까지 다 만들 수 있단다. 인간이 우리를 애지중지하는 것도 다 이유가 있지." 코로가 몸을 흔들흔들하며 자랑스럽게 말했다. "그건 그렇고 넌 왜 이 바다로 나왔니, 코로?" 세브의 언니가 궁금해 했다.

"나는 엄마랑 있을 때부터 세상 이야기를 많이 들었어. 우리 집에 놀러오는 새들이랑 바람한테 바다 건너 세상이 얼마나 재밌는지 들었거든. 빨리 어른이 될 날만 기다렸어. 이제 정말로 멀리멀리 나가 볼 거야. 우리는 바다 위에 떠서 석 달 이상 살아갈 수 있고 수천 킬로미터나 떨어진 곳까지 거뜬하게 갈 수 있단다."

"코로, 정말 신기하구나. 너희들의 고향은 어디야?" 미미가 물었다. "고향? 그저 더운 곳이라는 것만 알아. 사실 그 영악하다는 인간도 우리의 고향은 알아내질 못했어. 우리야말로 진정한 자유를 누리는 노마드 거든."

"코로! 너도 우리랑 비슷하구나. 이 섬은 우리 자매들의 뿌리로 얽힌 곳이야. 우리도 새로운 세상을 아주 좋아한단다. 지금은 이 바다 위에 있지만 어느 날 훌쩍 떠날 수 있어. 아무 때고 우리가 하고 싶은 대로 할 수 있어, 우리는. 너도 우리처럼 호기심이

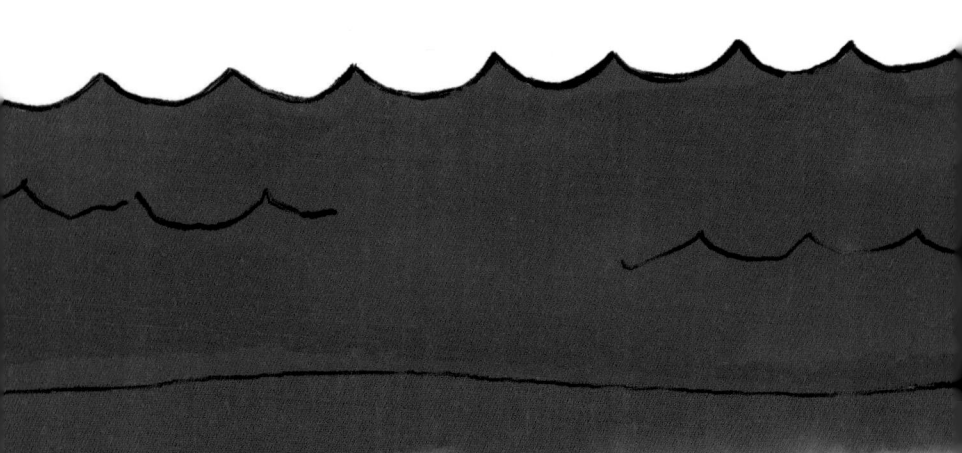

많은가 봐." 세브가 반가워서 말했다.

"그건 그렇지. 나도 동물이지만 동물은 항상 다녔던 곳으로만 다녀. 철새는 때를 좇아 조상이 다녔던 길을 따라다니고 연어도 때가 되면 태어난 곳을 찾아가지. 폭포를 거슬러 고향으로 가서는 알을 낳고 죽어. 많은 동물이 결혼을 하러 특정한 지역에 가고 거기서 아기를 낳고는 다시 살던 곳으로 돌아온단다. 새, 물고기, 다른 동물들도 그런 점에서 보면 모두 자유롭지 못한 거 같아. 그래서 나는 식물이 부러워. 진정한 자유는 식물의 특권이 아닐까?" 미미가 감탄해서 말했다.

"그 말이 맞아, 미미! 우리 개미들도 마찬가지지. 우리도 늘 살던 곳에서 살거든. 나는 그래도 좋은 친구 블루가 있으니까 행운이지만." 빅이 말했다. "그런데 블루는 어디 갔지?" 이호가 말했다. 그들은 세브 자매와 코로와 인사를 나누고는 블루를 찾았다. 블루는 나뭇가지에 앉아 졸고 있었다.

아몬드 선물

모두 큰 박수로 미미를 응원했다.

"블루, 거기서 뭐해?" 빅이 졸고 있는 블루를 깨웠다. "바닷바람이 시원해서 잠깐 졸았어. 이제 돌아가자, 빅!" "블루, 네 덕분에 좋은 친구들 많이 만났어, 고마워!" 미미가 블루에게 인사했다. 그들은 함께 아몬드 숲으로 향했다. 아몬드 숲에서는 미미가 돌아오기를 기다리고 있었다. 미미와 친구들이 도착하기 무섭게 알프 요정과 리리 요정을 비롯한 숲의 요정들이 성대하고 화려한 파티를 열었다. 그들은 수수와 소소 형제, 동고비 도도 아줌마 부부도 초대했다. 빅과 이호, 블루도 빼놓지 않았다.

제일 신이 난 건 역시 미미였다. 미미는 지난번에도 도도 아줌마와 수수 형제에게 요정에 대해 많은 이야기를 하고 싶었는데 참을 수밖에 없어서 입이 근질거렸기 때문이다. 아빠와 소소를 찾으러 미미가 아몬드 숲에 온 지도 벌써 오래 되었다. 아몬드 꽃이 피는 봄에 왔었는데 이제 아몬드 열매가 열리는 가을이 되었다.

가을이란 게 워낙 별별 나무열매가 많이 달리는 때여서 요정들의 파티상도 굉장히 풍성해졌다. 아몬드 숲 요정들은 요정의 궁전에서 가장 아름답고 큰 홀에 원탁의 식탁을 놓았다. 천장에는 '백년의 동물 미미를 환영합니다!'라는 글씨를 앵두와 블루베리 열매로 만들어 달아놓았다. 미미를 아몬드 숲에 데려다 준 파랑새 블루를 위한 배려였다.

동물들이 앉을 작고 귀여운 의자는 아몬드 잎과 떡갈나무 잎으로 깔아 주었다. 요정과 동물들은 커다란 원탁에 앉아 먹고 마시고 왁자하게 떠들었다. 요정들은 말린 아몬드 꽃으로 만든 작은 화관을 미미에게 씌워주었다.

"미미, 말해 봐. 난 정말 파샤 숲이 궁금해 죽겠어." 리리 요정이 미미를 다그쳤다. "리리 요정님과 같이 갔으면 정말 재밌었을 텐데요." 미미가 대답했다. "7년이 지나야 한 번 핀다는 그 꽃

말이야, 미미! 타이탄이라고 했지? 그리고 그 꽃을 찾아드는 수도 없이 많은 프레는 어떻게 생겼니?" 도도 아줌마도 끼어들었다.

"미미, 나는 바다를 떠다닌다는 털북숭이 코로가 더 궁금해. 참, 너는 섬을 만들 줄 아는 식물 세브도 봤다고 했지?" 알프 요정이 물었다. "알프, 우리도 한번 바다에 가 보자. 잠깐 휴가를 내서 세브와 코로를 만나 보면 어떨까?" 리리 요정이 제안했다.

빅은 이호와 함께 새턴 부족 이야기를 나누고 있었다. 수수와 소소는 새턴 부족 이야기에 홀딱 빠져들었다. "그게 정말이야, 빅? 어떻게 개미가 커다란 동물들까지 공격할 수 있어? 거기다가 진딧물 이야기도 엄청 재밌다." 소소가 놀라서 눈을 동그랗게 뜨고 말했다. "새턴은 이제 잘 지내고 있겠지?" 신중한 수수가 말했다.

그때 알프 요정이 큰 소리로 말했다. "여러분! 잠시만요. 오늘 우리는 자랑스러운 백년의 동물 미미를 위한 파티를 열었어요. 제가 미미를 위한 선물을 준비했답니다. 미미님께 전달하려 하니 축하해 주세요!" 모두 조용히 미미를 주목했다. 알프 요정이

아몬드 잎으로 만든 주머니를 미미에게 건넸다.

"미미, 이것은 우리가 준비한 작은 정성이에요. 봄에 미미에게 약속한 대로 동생 미소가 가장 좋아하는 아몬드 열매를 가득 담았어요." "정말 고맙습니다. 요정님! 그리고 나를 도와준 모든 친구들에게 감사드려요! 저는 이렇게 맛있는 열매를 만들 수 있는 꽃이 되고 싶어요. 저는 항상 식물의 편이랍니다."

모두 큰 박수로 미미를 응원했다. 아몬드 나무는 때마침 만들어 낸 낙엽 한 장을 바람에 실어 요정의 궁전에 보냈다. 미미에게 띄우는 우정의 편지일까?

특별 부록

미미의 친구들, 남겨진 이야기

🌰 1부 아몬드 숲의 비밀

3. 사슴의 의문사

꽃을 수분시키는 동물들과 씨앗을 운반하는 동물들

식물들은 수천 가지 다양한 방법으로 동물들이 자기 유전자를 다른 곳으로 옮기게 합니다. 지구상에는 꽃가루 매개체들이 수 십 만종이나 되고, 전문가들이 찾아낸 종류는 그중에서 6퍼센트도 안된다고 합니다. 꽃들의 혼인을 꽃가루받이 또는 수분이라 하는데, 이에 동원되는 종들은 다양하지요. 꿀벌, 딱정벌레, 나방, 파리, 모기, 벌새가 동원됩니다. 얼굴이 뾰족하고 몸길이의 절반이나 되는 긴 혀를 가진 넥타박쥐, 나무를 잘 타는 꿀주머니쥐나 도마뱀붙이 등도 한몫합니다. 포유류 중에서도 300여 종이나 식물의 수분에 열심입니다.

식물은 수분해 주는 동물들의 비위도 잘 맞추지요. 개미를 기다리는 식물들은 기어 다니는 개미가 불편하지 않도록 나란히 꽃을 피우고, 새에 의해 수분되는 꽃은 새가 수분하기 좋게

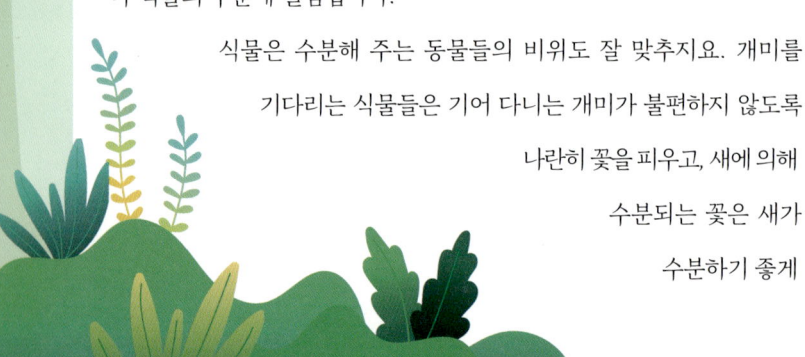

크고 튼튼합니다. 쥐에 의해 수분되는 식물은 쥐들이 쉽게 찾아오도록 덤불의 중심이나 땅 가까이에 꽃을 피우지요.

한편 식물은 동물의 도움을 받아 씨앗을 운반해 주기도 합니다. 식물은 다양한 배달부들의 입맛에 들어야 하므로 각각 색깔이나 향기, 맛에 신경 써서 각종의 열매들을 만들어 냅니다. 그 열매 안에는 바로 식물의 아기들인 씨앗이 숨어있지요. 씨앗 배달부들도 다양합니다. 새, 원숭이, 박쥐, 설치류, 태반포유류, 유대포유류, 영장류, 파충류, 개미 등입니다. 그 중 날아다니는 새들은 가장 중요한 씨앗 배달부입니다. 씨앗들은 새들을 타고 멀리까지 비행하게 되지요. 새는 씨앗을 삼킨 후 전혀 새로운 곳에 가서 배설해 놓습니다. 또한 새들의 뱃속을 거친 씨앗은 싹을 틔우기 좋은 상태가 됩니다.

최문형, 「식물처럼 살기」, 사람의 무늬, 2017

6. 떡갈나무의 통곡

엄마나무 밑 아기나무의 삶

숲의 엄마나무들 아래에서 자라는 어린 아기나무들은 쑥쑥 자라기 힘들지요. 엄마가 다른 어른 나무들과 힘을 합하여 숲 전체에 두꺼운 지붕을 씌워버리기 때문입니다. 아기나무들이 받을 수 있는 햇빛의 비율은 겨우 3% 밖에 안 되어서 겨우 목숨을 부지할 정도의 광합성만 할 수 있을 정도이지요. 하지만 나무들에게는 어릴 때의 느린 성장이 오히려 장수할 수 있는 조건이 된다고 합니다. 느리게 자라면 나무 내부의 세포가 아주 작고 탄성도 좋아 바람에 잘 견디고, 촘촘하고 질긴 나무줄기를 가지게 되어서 곰팡이나 상처에도 잘 버틸 수 있다고 합니다. 또 싹이 질기고 써서 동물들이 잘 먹지 않으니 나쁜 일만 있는 것은 아니지요?

그렇게 살다가 엄마나무가 쓰러지면 엄마의 빈자리를 틈 타 햇빛을 맘껏 받고 놀라운 속도로 자라는 신나는 시기가 옵니다. 그런데 이것도 마냥 즐거운 일만은 아니지요.. 이러다보면 각종 위험에 한꺼번에 노출이 된다는데, 곤충과 초식동물들, 덩굴을 가진 기생식물들이 한창 자라나는 나무를 괴롭히게 되지요. 성장기 청소년들이 사회의 각종 위험과 유혹에 휘둘리는 것처럼 말입니다. 하지만 당당한 어른이 되려면 나무이든 사람이든 겪어내야 할 과정이 아니겠어요?

11. 판결

사슴살해사건

이야기에서는 사슴이 등장하지만 사실은 영양이 죽은 사건이랍니다. 아프리카의 한 농장에서 영양들이 집단으로 죽은 사고이지요. 영양들은 좋은 환경에서 평화롭게 사육되고 있었는데 이들이 왜 집단으로 죽었는지 도무지 알 수 없어서 사체를 부검했어요. 죽은 영양의 시체를 갈라보니 위 속에서 소화되지 않은 이파리들이 발견되어, 이 사건은 식물학자에게 의뢰되었지요. 살펴보니, 이 이파리들은 농장 안에 있는 평범한 나무 이파리였고, 이 나무는 원래 독이 있는 품종이 아니었다고 해요.

나무가 자신을 방어하느라고 독을 만들었다는 것을 알아내는 데는 시간이 한참 걸렸지요. 자연 상태의 나무들은 심하게 공격받을 때 독수치를 올려 자기를 방어하고, 공격이 멈추면 다시 독성을 내리기를 반복하지요. 하지만 울타리가 처진 이 사육장에서는 나무들이 쉴 사이도 없이 계속 영양들에게 뜯겼기 때문에, 이파리들이 독수치를 내릴 사이가 없어서 주욱 높은 독성을 가지게 된 것이에요. 결국 영양들의 집단 죽음으로 이어졌어요. 나무가 소리 없이 영양들을 살해한 셈이지요.

식물과 동물은 오랫동안 함께 진화해 왔으며 이들 간에는 수백만 년에 걸친 상호의존성이 있습니다. 그래서 식물 중에는 동물에게 먹힐 것을 고려하여 잎을 키우고는, 동물들이 어느 정도 이파리를 뜯어먹고 난 다음에야 본격적인 성장을 시작하는 것들도 있을 정도이지요. 식물은 동물의 생존을 위해 어느 정도 자신을 내어주는 너그러움을 보여주는 것입니다. 식물은 동물과 곤충들이 자신을 뜯어먹는 행위가 어느 수준을 넘었을 경우에만, 정말 너무하다 싶을 때에만, 독을 분비한다고 합니다.

2부 블루래빗의 슬픔

12. 아몬드 나무
장수하는 나무

나무는 정말 오래 삽니다. 너도밤나무나 참나무는 400~500년을 살지요. 나무는 150년 정도 잘 자라면 안정적인 여생을 지낸다고 합니다. 지구에서 가장 오래 살고 있는 나무는 몇 살일까요? 세계에서 가장 오래된 나무는 미국 캘리포니아 주 화이트마운틴에 사는 브리슬콘 소나무로 2019년에 4,851세 되었다고 합니다. 미국정부가 이 나무를 아주 자랑스럽게 발표했지요. 하지만 나무를 보호하기 위해 정확한 위치는 알려주지 않아요. 이 나무에는 969살을 살았다는 성서에 나온 노아의 할아버지의 이름을 붙여 주었는데, '므두셀라'라는 이름이에요.

13. 태곳적 이야기

식물의 탄생 – 바다에서 땅으로

식물은 광합성을 하면서 산소를 만들어 줍니다. 지구상에 생명체들이 활발하게 움직이기 시작한 것은 산소와 광합성의 공로이지요. 인간은 산소가 없으면 살 수 없고 대부분 생명체도 마찬가지입니다. 그러면 수많은 식물과 동물의 생명의 원천인 산소는 어떻게 지구상에 출현했을까요?

과거에 남조류로 불렀던 '시아노박테리아'는 지구에서 광합성을 하는 최초의 생명체였습니다. 30억 년 전쯤에 출현한 이 세균은 산소를 만드는 방식의 광합성을 했어요. 그런데 바다에 태양빛이 잘 들어오지 않아 광합성이 힘들어지니 그들은 어떻게든지 태양빛이 풍부한 육지로 가려고 기를 썼습니다.

약 10억 년 전쯤 시아노박테리아는 당시 단세포 생물이었던 진핵세포와 공생하면서 출구를 찾았어요..이러한 공생을 통해 이 진핵세포는 새로운 에너지원을 얻게 되었고, 단세포 생명체였던 이 세포는 진화를 거듭하여 현재 우리가 보는 식물(다세포 생명체)이 되었습니다. 그래서 식물의 잎에는 지금은 엽록체로 이름을 바꾼 시아노박테리아로 가득합니다. 이 시아노박테리아의 후손들은 강과 바다, 호수 속에 살면서 지금도 여전히 광합성을 하고 있습니다.

3부 평화를 되찾은 파샤

24. 딱따구리 마이갓

흰부리딱따구리

'딱따구리 마이갓' 이야기는 이제는 사라진 흰부리딱따구리의 안타까운 사연입니다. 흰부리딱따구리는 독특한 아름다움과 강렬한 매력을 지녀 많은 사람들의 사냥감이 되었어요. 이미 1924년에 이 새가 이미 멸종했을 거라고 조류학자들이 걱정할 정도였지요. 흰 부리와 붉은 볏, 검은 색과 흰 색의 날렵한 몸통은 사람들의 호기심을 끌기에 충분했고, 노랫소리도 특이해서 깊은 숲에 들어서면 쉽게 눈에 띠는 새였으니까요. 19세기 말 여성들의 모자에 새의 깃털 장식이 얹혀 지거나 새를 통째로 올리는 유행 때문에 죄 없는 새들이 수난을 겪었을 때 이 멋진 새도 예외는 아니었지요. 무참하게 포획되는 새들을 보다 못한 사람들이 조류보호협회를 만들었지만 새의 운명은 미지수였어요. 20세기 초 미국 뉴욕 주의 작은 마을에는 숲에 반한 소년이 있었어요.

이 소년은 코넬대학 조류학과로 진학해 그곳에서 앨런 교수의 도움으로 새 연구에 집중하게 됩니다. 이 청년의 이름은 제임스 태너, 그는 교수님의 인정을 받아 사라져가는 새, 흰부리딱따구리 탐사대의 일원이되어 미국 남부에서 이 새를 찾아 헤매며 젊은 날을 보냅니다. 늑대와 악어, 독뱀과 모기의 위험을 감수하고 노력한 끝에 그는 흰부리딱따구리 전문가가 되고 이 새를 보호하여 멸종을 막자는 제안을 합니다.

북아메리카 대륙의 나무들이 앞다투어 잘리면서 다른 새처럼 이 새도 터전과 먹잇감을 잃어갔습니다. 수백 년 자란 신성한 나무들이 몇 분 만에 잘려서 통나무가 되었고 각종 나무제품이 되러 속속 숲을 떠났지요. 태너와 조류보호협회가 숲과 새를 보호하려고 법률제정을 위한 마지막 초읽기에 들어갔을 때 설상가상, 인간들의 욕망 대충돌인 제2차 세계대전이 터졌고, 전쟁은 자연과 새와 숲을 거들떠보지 않았습니다. 전쟁에 필요한 군수품을 조달하려고 나무들은 더 많이 더 빨리 베어졌거든요. 그렇게 흰부리딱따구리는 이제 영원 속으로 사라졌어요.

필립 후즈 지음, 김영남 옮김, 「사라진 숲의 왕을 찾아서」, 돌베개, 2015
최문형 지음, 윤인호 그림, 「식물과 춤추는 인생정원」, 솔과학, 2023

26. 인간의 만행

아메리카 원주민

이야기 속 '린링'은 아메리카 원주민을 말합니다. 그들은 원래 콜럼버스가 아메리카 대륙에 도달하기 전부터 그곳에 거주하고 있던 사람들입니다. 현대의 원주민들은 절대다수가 미국에 동화되었으나 아직도 원주민의 문화를 보존하는 보호구역이 존재합니다. 원주민 보호구역은 미국 전역에 310개소이며, 보호구역 면적은 한반도 면적보다 넓은 225,410평방킬로미터입니다. 현재 미국 안에는 202종의 원주민 종족들이 있습니다. 아메리카 원주민들은 기후와 지형에 따라 부족, 음식, 의복, 주거, 예술 등이 매우 다양합니다. 버펄로를 사냥하며 가죽으로 만든 원추형 천막에 사는 부족은 중부·서부 평원지대에 사는 유목 부족이었고, 동부 해안지대에 살았던 부족들은 사냥과 농사, 식물 뿌리나 견과류를 채집하여 생활했고, 뜨겁고 건조한 땅에 나무가 거의 없는 남서부 지역 부족들은 진흙벽돌로 집을 짓고 옥수수를 재배하고 사슴을 사냥하고 양을 기르며 생활했다고 합니다.

미국 정부는 2010년에 초기에 있었던 원주민 폭력·탄압·강제이주를 사죄하고 원주민 자치구의 빈곤과 질병·마약·폭력 문제를 바로 잡겠다고 했습니다.

29. 꽃을 피우다

타이탄 아룸

이야기의 '타이탄'은 타이탄 아룸이며 '프레'는 파리입니다. 타이탄 아룸은 열대지방에 서식하는 천남성과의 여러해살이풀로서, 하나의 꽃으로 보이는 거대한 꽃대를 올리는 것으로 유명합니다. 생긴 것도 특이하고 꽃에서 풍기는 동물 썩는 악취로 '시체꽃'이란 별명도 붙었습니다. 인도네시아 수마트라섬의 고유종으로 적도 부근의 열대우림에 자생하며, 세계 각지 식물원에서도 재배됩니다. 처음에는 5장의 잎을 가진 높이 30센티미터의 묘목이었다가, 몇 해 동안 잎의 개수가 늘어나고 나무는 5미터까지 자랍니다. 그렇게 커가면서 모은 양분은 모두 알뿌리에 저장합니다. 알뿌리가 다 성장하면 나무 부분은 쓰러지고 알뿌리만 남습니다. 알뿌리에는 7년 동안 모은 양분이 가득합니다.

타이탄 아룸은 식물 중에서 가장 큰 알뿌리를 가지는데, 직경 1미터, 무게 100킬로그램에 이릅니다. 이렇게 알뿌리로 남아 약 4개월의 휴면기를 지나 꽃대를 올려, 높이 3미터, 폭 1.5미터의 지구에서 가장 큰 꽃을 피웁니다. 이 꽃은 주로 파리를 유혹하는데, 큰 수술대로 파리를 부르기 위해 파리가 좋아하는 시체 냄새를 풍깁니다. 꽃은 36도 정도의 열을 발산하는데 이 열이 상승기류를 만들고, 3미터의 기둥을 따라 냄새가 지속됩니다. 거대한 기둥과 나팔 형태의 꽃은 냄새를 많이 뿌리는 확성기 역할을 합니다. 따뜻한 열을 가진 큰 꽃이 풍기는 독특한 악취는 사방 1킬로미터까지 퍼져나가 주변의 모든 파리를 부를 수 있지요. 파리들이 많이 몰릴 것을 대비해 꽃은 많은 수술과 암술을 가지고 있습니다. 7년을 기다려서 한 번 피어났지만 거대한 꽃을 오래 유지하기 힘들어 이틀이면 꽃은 시듭니다.

▶ https://www.youtube.com/watch?v=kouZCt9nRJ8
7년의 기다림, 타이탄 아룸(Seven Years of Waiting, Titan Arum) EBS 컬렉션 – 사이언스

31. 산불

산불의 효과

미국 세쿼이아 국립공원에는 자이언트 세쿼이아가 숲을 이루고 있는데, 이 나무는 나이가 3,000살에서 4,000살로 추정되며 키는 100미터를 훌쩍 넘는 것도 있습니다. 아파트 20층 높이이지요. 이 중 가장 뚱뚱한 나무는 셔먼장군이라 명명된 나무로서 높이가 약 84m, 지름은 11m에 이르는데, 놀라운 것은 이 오래된 나무가 계속 성장하고 있다는 사실입니다. 이 숲의 나무들은 대부분 불에 탄 흔적을 가지고 있고, 다 자랄 때까지 무려 80번 정도의 산불을 만난다고 하지요. 이들은 7일간 지속되는 불을 견딜 정도로 불에 강합니다. 이 나무들은 1미터나 되는 두꺼운 껍질을 가지고 있는데 이 안에 물을 머금고 있어서 푹신합니다. 그래서 불에 잘 안 타는 효과가 있습니다.

자이언트 세쿼이아의 장수 비결은 바로 산불이지요. 미국 서부 지역은 산불이 자주 발생하는데, 큰불이 휩쓸고 가면 땅속에 있던 씨앗들 중 일부는 발아하도록 자극받습니다. 온도가 200도 이상

이 되어야 솔방울이 열립니다. 불은 각종 독소를 파괴해 주고 불이 남긴 재는 일시적으로 땅을 비옥하게 해줍니다. 또 햇빛이 땅을 많이 비추므로 씨앗의 입장에서는 싹을 틔우기 좋은 조건이 됩니다. 불로 자신을 활활 태우고 잿더미 속에서 다시 새로운 생명을 시작하는 불사조가 생각나지요? 그래서 자이언트 세콰이어 국립공원의 소방수들은 1년에 한 번씩 일부러 산불을 내기도 합니다.

아주 큰불이 나면 불이 줄기의 한 부분에서 안쪽까지 타들어가 줄기의 반대쪽을 뚫고 나오는 경우가 있습니다. 그렇게 되면 줄기가 텅 비어 동굴처럼 되고 사람이 그 속으로 들어가 통과할 수도 있는데, 그래도 이 거대한 나무줄기는 그대로 남아 있지요. 또 속이 비어버려도 가지나 잎은 무성하게 잘 자랍니다. 중심부는 죽었어도 바깥쪽의 새 세대는 아무 문제없이 팔팔하지요. 새로운 세대로 인해 나무는 해마다 젊어집니다. 자이언트 세콰이어는 요술쟁이 나무이지요?

https://www.youtube.com/watch?v=KFd5agSv23c
다큐프라임 – 녹색동물
불에 강한 나무가 있다?
자이언트 세콰이어의 생존 전략 EBS 컬렉션 – 사이언스

4부 새턴부족 이야기

34. 이레니아 2세

개미왕국의 흥망성쇠

개미왕국은 여왕개미가 죽으면 멸망하는 게 일반적입니다. 공주개미가 태어나도 혼인비행을 하여 짝짓기를 마치면 전혀 다른 곳에 가서 새로운 왕국을 세우지요. 그러므로 이야기에서 어머니 이레니아여왕의 왕국을 이어받은 이레니아2세 이야기는 이야기의 진행을 위해 꾸민 것입니다.

36. 뿔 속의 왕국

아카시아 꿀

19세기 초반 과학자 페데리코 델피노(Federico Delpino, 1833-1905)는 식물과 개미의 협력관계에 대해 '미르메코필리(myrmecophily)'라는

용어를 만들었는데, '미르메코필리'란 그리스어로 개미(mŭrmex)와 친구(philo)의 합성어입니다. 아카시아를 집삼아 사는 개미처럼 식물과 개미가 서로에게 필요한 것들을 나누고 돕는 동등한 협력의 윈윈(win-win)의 관계임을 말한 것입니다.

그런데 최근 연구는 아카시아가 개미를 정신지배함을 밝혀 주었습니다. 아카시아 나무의 생산품인 꽃꿀은 개미를 끄는 최고의 선물이라고 알려졌는데, 이 꽃꿀 속에는 동물의 신경계에 중요한 조절 기능을 하며 신경세포를 자극할 뿐 아니라 행동까지 통제하는 성분이 있다는 것입니다. 알칼로이드를 비롯해서 GABA, 타우린, β-알라닌 같은 등이지요.

이 중 GABA는 척추동물이나 무척추동물(개미가 이에 속함)에게 작용하는 중요한 신경전달 억제물질입니다. 그래서 개미가 꽃꿀을 섭취하고 농도에 변화가 생기면 행동이 확 달라지게 됩니다. 꽃꿀에 함유된 알칼로이드는 개미의 인지력에만 영향을 주는 게 아닙니다. 한 번 이 성분을 섭취하면 니코틴, 카페인처럼 강한 중독성에 노출됩니다. 이렇게 아카시아는 꽃꿀 내의 물질생산을 조절하여 개미의 행동을 통제합니다. 신경활성물질의 양과 질을 조절하는 기술을 가지고 개미의 공격성이나 이동 속도까지 일일이 통제하고 간섭하지요.

이렇게 되면 이미 동등한 협력관계라고 볼 수 없습니다. 꽃꿀에 중독된 불쌍한(?) 개미는 아카시아의 '아바타' 같은 존재가 되어 일거수일투족을 아카시아의 의도대로 행동하고 살게 됩니다. 용맹한 개미가 이제는 아카시아의 노예가 되고 만 것이지요.

개미들도 페로몬과 같은 특수 물질을 분비하여 정신지배를 하는 개미가 있습니다. <꽃이 되고 싶은 미미>에 나오는 양귀비여왕 이야기입니다. 양귀비여왕은 사무라이개미입니다. 그런데 아카시아는 개미보다 한 수 위인 것이 증명되었습니다. 이런 개미를 불쌍하게 보는 우리 인간은 어떻습니까? 인간 또한 식물 화학성분의 중독자로 식물에게 조종당하고 있지 않나요?. 누구는 캡사이신 중독, 누구는 니코틴 중독, 누구는 카페인 중독이니까요.

최문형, 「식물에서 길을 찾다」, 넥센미디어, 2020

38. 진딧물 나타나다

개미-아카시아-진딧물 관계

중앙아메리카와 아프리카에 자라는 아카시아 중 어떤 종은, 속이 비어있고 그 안에 개미들이 살고 있습니다. 이 개미들은 사탄개미라는 무시무시한 이름을 가졌지요. 아카시아는 이 개미들에게 먹을 것과 마실 것과 잠자리를 제공해 줍니다. 인간으로 치면 호텔급 접대이지요.

사탄개미들은 부러울 것 없이 지내면서 자기 밥값을 합니다. 이들은 아카시아 주변에서 아카시아의 생존과 성장을 방해하는 것이라면 무엇이든지 싹쓸어냅니다. 아카시아에게 그늘을 드리우는 다른 식물들의 이파리와 줄기를 제거해 버리며, 나무를 타고 올라가는 넝쿨식물들을 죽여 없애지요. 뿐만 아니라 아카시아 나무를 먹으려는 초식동물까지도 맹렬하게 공격합니다.

호텔 객실을 제대로 갖춘 식물도 있어요. 바로 도마티아(domatia)라고 불리는 깊고 큰 구멍이지요. 중앙아메리카 열대 우림 그늘에 사는 후추는 갈색개미를 위해 살 곳과 먹을 것을 제공합니다. 도마티아의 온도와 습도는 개미가 살기 딱 맞게 유지됩니다. 어린 후추의 잎과 가지 사이의 도마티아에서 여왕개미는 알을 낳습니다. 식물은 개미를 위하여 잎 안쪽에 작은 구멍을 만들어 단백질과 지방을 주고, 개미는 이를 가져다가 새끼를 기릅니다. 후추로부터 융숭한 접대를 받은 개미는 사설경호단이 되어 이 식물을 훌륭하게 지켜줍니다.

이들 경호원과 주둔군 개미들은 매우 공격적이어서, 심지어 포유류에게도 용감히 달려듭니다. 사람이 아카시아 근처 바람이 불어오는 방향에 서 있으면, 냄새를 맡고 나무에서 내려와 달려들어서는 위협적으로 쏘고 물어뜯습니다. 한번 이런 개미에게 공격당하면 통증이 매우 심하다고 하니, 아메리카나 아프리카를 여행할 때는 아카시아 근처에는 가지 않도록 조심할 일입니다.

그런데 사이좋은 아카시아와 개미 관계도 나빠질 수 있습니다. 동아프리카 케냐에는 거대 초식동물의 특별 보호구역이 있고 종종 코끼리 같은 초식동물들을 이곳으로 옮겨 둡니다. 그러면 아카시아는 더 이상 먹히지 않으리라 마음을 놓고는, 꿀 생산량을 줄이고 사설경호원들에게 별로 신경을 안 씁니다. 이렇게 되면 함께 사는 경호원들은 30% 정도 줄어들고 다른 종류의 개미가 이사 오게 되지요.

새로 온 개미들은 아카시아를 지키는 일 따위는 하지 않지요. 경호원들도 대접이 시원찮아지니 자기 임무를 제대로 하지 않게 됩니다. 결과는 아카시아에게 불리해집니다. 아카시아의 성장은 느려지고 어릴 때 죽는 것도 많아집니다. 무서운 적이 존재하는 것이 오히려 아카시아의 건강과 장수를 도와주는 것일까요?

한편 이런 경우에 진딧물이 아카시아를 찾아오기도 합니다. 진딧물이 오면 개미는 진딧물이 내어주는 꿀을 먹으며 사이좋게 지냅니다. 본래부터 개미와 진딧물은 공생관계였지요. 그러다가 환경이 달라져서 아카시아가 다시 꿀을 만들기 시작하면, 개미들은 얼른 진딧물을 쫓아내고 옛 친구인 아카시아를 보호하는 임무로 돌아옵니다. 아카시아-개미 관계에 진딧물이 끼어들어 흥미진진한 삼각관계를 엮어내는 것이지요. 그런데 최근의 연구는 아카시아와 개미의 관계가 단순한 공생이 아닌 정신지배라고 하기도 합니다.

▶ https://www.youtube.com/watch?v=gPuS0acYOTo
EBS다큐프라임 - 생명, 40억년의 비밀(쇠뿔아카시아와 개미의 공생)

41. 떠다니는 섬

맹그로브섬

맹그로브는 열대지방의 큰 강어귀나 얕은 바다 속 진흙에 살면서 강이나 바다로 씨앗을 내보냅니다. 조숙한 맹그로브의 씨앗들은 엄마나무에 달려있을 때 일찍 싹을 내고 뿌리도 만들지요. 가지에 붙어 있는 열매 속에서 뿌리가 자라기 시작해, 어느 정도 커지면 뿌리 끝에 새싹이 난 상태로 열매가 떨어집니다. 바람이 맹그로브 씨앗을 물 위에 떨어뜨리면 똑똑한 씨앗은 이미 만들어 둔 뿌리로 자리를 잡습니다.

맹그로브는 물속에서도 잘 자라고 물가에서도 잘 사는 나무입니다. 이들은 물 위로 잠망경 같은 뿌리를 올리기도 하는데, 얼핏 보면 가지처럼 생겼지만 실은 뿌리입니다. 밀물과 썰물 사이에서 호흡하는 것이 큰 문제이다 보니 뿌리를 물 밖으로 올린 것입니다. 맹그로브의 호흡근(호흡뿌리)은 30센티미터에서 1미터 높이이고 수백 개나 됩니다.

맹그로브는 각종 식물과 동물이 잘 자라고 살아갈 수 있는 환경을 만들어주는 재주가 있어요. 맹그로브 숲의 바다 쪽 부분은

바닷물의 영향을 많이 받고, 육지 쪽은 영향을 적게 받기 때문에 기울기가 생기고, 맹그로브 숲이 커지면서 뿌리나 줄기, 가지가 자라나면서 서로 엉겨서 오밀조밀 다양한 공간이 만들어지는 덕분입니다.

이처럼 맹그로브는 살아가는 곳이 땅이든 물이든 문제없이 씩씩하게 살아갑니다. 그리고 자유자재로 자신의 삶을 바꿉니다. 간혹 바다 한가운데에 형제자매 친척들이 모여서 자신만의 왕국을 건설하기도 하는데, 우리는 그 왕국을 맹그로브섬(mangrove island)이라고 부릅니다. 맹그로브는 땅이 지닌 고착성과 물이 지닌 유동성을 최대한 활용하여 자신도 살고 다양한 생물 가족들을 품어주는 신기하고 기특한 식물입니다.

42. 털 복숭이 갈색 공

코코넛의 여행

물속에서 이동하려면 씨앗 속에 코르크질이나 공기를 가지고 있어야 합니다. 코코넛 종자는 물에 뜨는 섬유성 겉껍질로 둘러싸인 딱딱한 속껍질 안에 들어 있습니다. 물속에서 이동하는 씨앗들은 거센 비를 타고 아주 멀리까지 가거나, 바다 속으로 들어가 해류를 따라 엄청난 거리를 이동하기도 합니다. 물에 뜨는 종자 중에는 몇 달에서 몇 년까지 바다에서 살아남는 것들도 있습니다.

멕시코 만류는 식물의 종자를 유럽이나 극지방 해안까지 옮겨줍니다. 씨앗의 여행길은 굉장히 길고 험난하지만 그만큼 더 멋진 새로운 세상으로 나갈 수 있습니다. 식물들은 대륙과 대륙사이, 혹은 대륙을 가로질러 생태계 전역을 순환합니다. 식물이 인간의 도움 없이 씨앗을 퍼뜨릴 수 있는 거리는 최대 2400킬로미터나 된다고 하지요.

세계에서 가장 큰 씨앗의 하나인 코코넛은 물 위에 둥둥 떠서 최소 석 달 이상 살아갈 수 있으며 바람과 해류를 타고 수백 킬로미터나 수천 킬로미터까지 이동할 수 있습니다. 그들은 전 세계에 퍼져 있어서 과학자들은 원산지가 어디인지 밝혀내질 못했지요. 고소하고 시원한 과즙은 항상 인기 만점이고, 흰색의 단단한 과육은 초코바와 크림파이의 재료이며 과육의 즙은 코코넛 우유가 됩니다.

과육을 가공하면 코코넛 기름을 만들 수 있는데 이 기름은 세계적으로 가장 많이 쓰이는 기름 중 하나로서, 마가린부터 자외선 차단크림에 이르기까지 공통 첨가제로 사용됩니다. 말레이시아 사람들은 이 나무를 '천 가지 용도의 나무'라 부르고 필리핀 일부 지역에서는 '생명의 나무'로 불리기도 하니 코코넛이 얼마나 유용한지 알 수 있습니다. 우리도 모두 코코넛을 좋아하지 않습니까?

백년의 동물 미미

초판 인쇄 2024년 9월 13일
초판 발행 2024년 9월 20일

글쓴이 최문형
그린이 정수연

펴낸이 윤지숙
펴낸곳 종이와나무

책임편집 한주연
편집 김숙희 김지선
마케팅 유인순 하재일
출판신고 제2015-000158호

주소 경기도 파주시 회동길 445-1, A동 302호
대표전화 031-955-9300 | 팩스 031-955-9310
홈페이지 www.kyunginp.co.kr | 전자우편 anpranpr@naver.com

ⓒ 최문형·정수연, 2024

ISBN 979-11-88293-24-7 73800
값 16,800원